Les langues pour tous

Collection dirigée par Jean-Pierre Berman,
Michel Marcheteau et Michel Savio

ANGLAIS

Pour débuter (ou tout revoir) : • **40 leçons**
Pour mieux s'exprimer et mieux comprendre : • **Communiquer**
Pour se perfectionner et connaître l'environnement :
    • **Pratiquer l'anglais**   • **Pratiquer l'américain**
Pour évaluer et améliorer votre niveau :
    • **Score** (200 tests d'anglais)   • **Score** civilisation USA
Pour aborder la langue spécialisée :
    • **L'anglais économique & commercial** (20 dossiers)
    • **Vendre en anglais**
    • **Score commercial (US/GB)**
    • **La correspondance commerciale (GB/US)**
    • **Dictionnaire économique, commercial et financier**
    • **Dictionnaire de l'anglais de l'informatique**
Pour s'aider d'ouvrages de référence :
    • **Dictionnaire de l'anglais d'aujourd'hui**
    • **Grammaire de l'anglais d'aujourd'hui**
    • **Correspondance pratique pour tous**
    • **L'anglais sans fautes**
    • **La prononciation de l'anglais**
Pour prendre contact avec des œuvres en version originale : • **Série bilingue :**

	GB	US
→ **Niveaux** :	☐ facile (1er cycle) ☐☐ moyen (2e cycle)	☐☐☐ avancé

    • **Anglais par les chansons** (GB/US) ☐
    • **Bilingue anglais scientifique** (US/GB) ☐☐☐
    • **Nouvelles** (US/GB) I, II ☐☐
    • **Grands maîtres de l'insolite** (US/GB) ☐☐

Dickens (Ch.) : Contes ☐☐	**L'Amérique à travers sa presse** ☐☐☐
Doyle (C.) : Nouvelles I, II, III, IV ☐	**Bellow (S.)** : Nouvelles ☐☐☐
Greene (G.) : Nouvelles ☐☐	**Bradbury (R.)** : Nouvelles ☐☐
Jerome (J.K.) : Trois hommes dans un bateau ☐☐	**Fitzgerald (S.)** : Nouvelles ☐☐
Kipling (R.) : • Nouvelles ☐☐	**Highsmith (P.)** : Nouvelles I, II, III, IV ☐☐
• Le Livre de la jungle ☐	**Hitchcock (A.)** : Nouvelles ☐☐
Lawrence (D.H.) : Nouvelles ☐☐☐	**James (H.)** : Le Tour d'écrou ☐☐☐
Mansfield (K.) : • L'Aloès ☐☐☐	**King (S.)** : Nouvelles ☐☐
• La Garden Party (etc.) ☐☐☐	**London (J.)** : Nouvelles ☐☐
Maugham (S.) : Nouvelles I ☐☐	**Nabokov (V.)** : Nouvelles ☐☐☐
Stevenson (R.L.) : Dr Jekyll et M. Hyde ☐☐	**Nouvelles classiques** ☐☐
Wilde (O.) : • Nouvelles ☐	**Twain (M.)** : Nouvelles ☐☐
• Il importe d'être constant ☐☐	
Wodehouse (P.G.) : • Nouvelles ☐☐	

Pour les « Juniors » (à partir de 8 ans) : • **Cat you speak English ?**

Autres langues disponibles dans les séries de la collection Les langues pour tous

**Allemand - Arabe - Espagnol - Français - Grec - Hébreu
Japonais - Italien - Latin - Néerlandais - Portugais - Russe**

LA
CORRESPONDANCE
COMMERCIALE
EN
ANGLAIS

© Presses Pocket, 1981

ISBN : 2-266-02298-9

LA CORRESPONDANCE COMMERCIALE EN ANGLAIS

par

Crispin Michael Geoghegan
BA (Hons), MA (Thesis)
Principal Lecturer
Bournemouth Polytechnic

Michel Marcheteau
Agrégé de l'université
Professeur à l'École Supérieure
de Commerce de Paris

Bernard Dhuicq
Maître de conférence à l'université de Paris III
Chargé de cours à l'Institut britannique

 Version sonore

PRESSES POCKET

SOMMAIRE

●● Version sonore (1 K7)

- Il existe une présentation *Livre* + *K7*. (La K7 n'est pas vendue séparément.)

- L'enregistrement comporte 15 dictées, sélectionnées dans l'ouvrage.

- Les textes sont lus, d'abord à vitesse normale, en continu, puis dictés, de façon éclatée, et enfin relus.

- Vous pouvez ainsi vous entraîner à la compréhension auditive :
  — pour la préparation de divers examens (B.T.S., Chambres de Commerces) ;
  — pour la vie de l'entreprise (secrétariat, prises de notes, et de courrier sous dictée, etc.).

INTRODUCTION

Ce livre poursuit l'approche pragmatique et autodidactique qui caractérise la série **Les Langues Pour Tous.**

Il s'agit de présenter une méthode et un ouvrage de référence pour ceux qui, n'ayant pas une totale maîtrise de l'anglais, doivent cependant rédiger des lettres commerciales dans cette langue et bien comprendre celles reçues de l'étranger.

L'ouvrage est composé de 20 dossiers de 10 pages, chacun traitant d'une opération particulière dans le cadre d'échanges commerciaux.

Chaque section se présente comme suit :

- une page de lettres en anglais ou en américain avec, en regard à droite, leur traduction en français ;
- une page de notes et de commentaires grammaticaux et stylistiques ;
- une page de phrases types, avec leur traduction en français, parmi lesquelles l'utilisateur pourra puiser de nombreuses expressions correspondant à des situations concrètes ;
- une page de lettres en français avec, en regard, leur traduction en anglais, suivie d'une page de notes sur les problèmes posés par le passage d'une langue à l'autre ;
- une page de vocabulaire récapitulatif, avec d'éventuelles additions ;
- enfin, des exercices avec corrigés qui permettent de faire le point de l'acquisition des connaissances.

Chaque dossier est conçu pour permettre un travail individuel sans dictionnaire et pour donner à l'utilisateur la possibilité de rédiger lui-même un large éventail de lettres à partir des éléments présentés.

Les chapitres introductifs traitent de la présentation matérielle des lettres et des pratiques britanniques et américaines dans ce domaine.

Les sections finales portent sur les télex et les incoterms.

Un tableau comparatif des mesures françaises, britanniques et américaines, une liste des abréviations et un glossaire complètent l'ouvrage.

QUELQUES PROBLÈMES POSÉS PAR LE PASSAGE DE L'ANGLAIS AU FRANÇAIS ET DU FRANÇAIS A L'ANGLAIS

Échanger une correspondance commerciale avec des anglophones implique une double compétence :

● être capable de bien comprendre le contenu de lettres provenant de l'étranger et rédigées en anglais, et dans certains cas d'en traduire sinon la totalité du moins des extraits ;

● être capable d'écrire à des destinataires étrangers des lettres en anglais.

Or tout passage d'une langue à une autre suppose une restructuration du document de départ, une réorganisation des relations des mots entre eux. Ce travail d'adaptation est particulièrement important dans le cas de lettres commerciales et nous attirons l'attention du lecteur sur les aspects suivants, dont le présent ouvrage fournit des exemples commentés :

● le traditionnel problème des faux amis revêt ici une acuité particulière, du fait des conséquences juridiques ou économiques possibles ;

● le non-parallélisme de certaines notions, ou leur absence dans une des langues, est une autre source de difficultés.

Ainsi, la livre, unité de poids, est bien traduite par **pound,** mais il est important de savoir que cette livre anglaise vaut 453,6 g. De plus, un même nom de mesure peut recouvrir des valeurs différentes en anglais britannique ou en américain.

● Les différences dans les réglementations juridiques et administratives et dans les traditions du négoce appellent aussi à une grande prudence dans le maniement des termes. Par exemple, certaines professions ou titres n'existent pas, ou bien existent sous une forme différente, et requièrent donc, non pas une traduction, mais des explications.

● Certaines expressions idiomatiques ou locutions grammaticales, qui donnent leur cachet et leur vivacité à une lettre, ne se prêtent pas à la traduction, ou risquent de créer une impression de bizarrerie, de lourdeur ou de familiarité excessive.

● Il existe chez tous les peuples, dans la langue écrite comme dans la langue parlée, des usages particuliers. La connaissance de cette dimension socio-culturelle de la communication est nécessaire à la pertinence du message.

Terminer une lettre par la traduction littérale en anglais de « nous vous prions de croire à l'assurance de nos sentiments distingués » ferait sourire le destinataire anglo-saxon. Dans d'autres cas, de tels transferts mot à mot peuvent être cause d'incompréhension ou d'irritation.

C'est pour toutes ces raisons qu'une bonne lettre commerciale ne doit pas être une « traduction », au sens étroit du mot, mais exprimer les faits comme les aurait présentés un « native » (autochtone).

QUELQUES CONSEILS

● Bien entendu, toujours lire en totalité les documents à traduire avant de se lancer dans la traduction, afin de bien percevoir le message ou la situation globale.

● Débarrasser le texte à traduire de tout le remplissage non nécessaire au sens, et dont la traduction risque d'être un facteur d'obscurité (ou de compliquer inutilement la tâche du traducteur).

● Éliminer toutes les formules archaïques et les remplacer par des formes simples et modernes si leur traduction est nécessaire.

● Ne pas oublier qu'une bonne utilisation de la ponctuation peut parfois résoudre un problème de traduction.

● Ne pas hésiter à changer la nature grammaticale d'un mot (remplacer par exemple un nom par un verbe, ce qui se révèle souvent utile dans le sens français-anglais).

● Éliminer du texte d'arrivée (lettre une fois traduite) tout ce qui en alourdit le style sans être nécessaire au sens. Cela s'opère plus facilement si l'on a la possibilité de relire le texte final quelque temps après l'avoir traduit.

● Essayer de trouver le ton juste en fonction de l'objet et du destinataire de la lettre. Le style sera d'autant moins formel qu'on connaît mieux la personne à qui on écrit. (Se méfier cependant des formules ou expressions entendues dans des conversations : la langue écrite a ses propres contraintes, et tout ce qui se dit ne s'écrit pas ; ce qui n'est que familier à l'oral peut devenir vulgaire à l'écrit.)

● S'il y a doute sur le sens d'un terme anglais, utiliser un dictionnaire monolingue (anglais-anglais) : il a l'avantage de donner des explications et des synonymes qui permettent de cerner l'usage du mot.

● Enfin, méfiez-vous de ce que vous savez ou croyez savoir. N'hésitez pas à vérifier et à revérifier, et à vous faire contrôler par des « natives » quand vous en avez l'occasion, même si vous vous sentez sûr de vous. L'humilité est une des principales vertus du traducteur.

LA PONCTUATION

La ponctuation donne une structure à la phrase écrite et la sépare en sections logiques facilitant la transmission claire et précise d'un message.

Nombreux sont les cas où un litige provient de l'interprétation d'une phrase, alors qu'une ponctuation adaptée aurait évité toute ambiguïté.

Notez le changement de sens de la phrase suivante selon la présence ou l'absence de la virgule :
Later(,) models will be sent for examination
• Avec virgule : *Nous vous enverrons ultérieurement des modèles que vous pourrez examiner.*
• Sans virgule : *Des modèles plus récents que vous pourrez examiner vous seront envoyés.*

Il est donc nécessaire de bien connaître l'utilisation des principaux signes, dont l'emploi n'est pas dans tous les cas le même en anglais qu'en français.

• Le *point* **(.)** (**full stop, period** en anglais américain) est utilisé comme en français, pour marquer la fin logique d'une phrase, d'une unité complète de sens.
Attention : le *point* (en ce cas **point**) remplace la virgule du français dans les décimaux :
2,5 donne en anglais **2.5 (two point five).**

• La *virgule* **(,)** (**comma**) marque une pause brève qui permet d'insister sur un groupe de mots, d'unir les mots qui forment un ensemble logique.

• Le *point-virgule* **(;)** (**semi-colon**) marque une pause plus longue, il signale une proposition qui explique ou qualifie les phrases qui précèdent le signe, et unit deux phrases qui pourraient aussi être séparées par un point.
Il est moins employé en anglais qu'en français et peut la plupart du temps être remplacé par un point.

• Les *deux points* **(:)** (**colon**) signalent une liste d'exemples, une citation ou un inventaire ayant un rapport logique avec la phrase qui précède le signe.

Les deux points sont très employés, mais peuvent souvent être remplacés par une virgule. Il faut éviter d'enchaîner des séries de phrases avec ce signe. Voici deux exemples de l'emploi correct :

We enclose the following documents : 1 invoice, 2 order forms.
Nous joignons à cette lettre 1 facture et 2 bons de commande.

Our contract specifies : "Safe delivery is guaranteed".
Il est stipulé dans notre contrat que nous garantissons la livraison des marchandises en bon état.

• Le *tiret* **(–)** **(dash)** est de plus en plus employé en anglais international. Le tiret remplace souvent les parenthèses ; il indique une remarque qui ajoute un renseignement supplémentaire à la phrase principale, ainsi :

Plyglos – a plastic based paint – is a unique product.
Plyglos – peinture à base de plastique – est un produit extraordinaire.

Il sera souvent utilisé pour mettre un relief ou isoler un groupe de mots que le français mettrait entre parenthèses ou entre virgules.

• Le *point d'interrogation* **(?) (question mark)** doit toujours suivre une question en anglais ou en français.
Il n'est pas suivi d'un point final.

• Le *point d'exclamation* **(!) (exclamation mark)** est souvent utilisé dans des lettres de publicité :

Yes ! Our products are cheaper ! Try them now !
Oui ! Nos produits sont meilleur marché ! Essayez-les dès maintenant !

Le point d'exclamation est à éviter dans toute autre lettre commerciale.

• Les *parenthèses* **( ) (brackets)** sont employées dans des lettres commerciales seulement pour introduire un bref renseignement supplémentaire (chiffre, description, etc.).

Please send us details of your new products (indoor and outdoor) by return.
Prière de nous faire parvenir des détails sur vos produits (ceux pour usage intérieur et ceux pour usage extérieur) par retour du courrier.

On tend à les remplacer par des tirets.
Dans les cas rares où l'on utilise dans la même lettre parenthèses et crochets, le mot **brackets** désigne les *crochets* et **parenthesis,** pluriel **parentheses,** les *parenthèses*.

• Les *guillemets* **(" ") (quotation/citation marks)** s'emploient pour indiquer un titre, un nom de produit ou, bien entendu, lorsque l'on cite les paroles de quelqu'un.

MAJUSCULES ET CAPITALES

Les *majuscules* sont employées pour la première lettre d'un nom ou d'un titre.
Elles sont aussi obligatoires pour les adjectifs de nationalité :

an Italian car, *une voiture italienne*

ainsi que pour les noms de jours et de mois.

Les *capitales* sont utilisées pour mettre une marque en valeur :

Try SUNSET products ! *Essayez les produits SUNSET !*

ou un nom en relief :

We expect our representative Mr. PHILIPS to call soon.
Notre représentant M. Philips vous rendra bientôt visite.

Des mots en capitales peuvent être remplacés par des mots en italiques ou en caractères gras, par des mots soulignés ou entre guillemets.
La règle est toujours la même : l'emploi doit en être réduit au minimum pour être efficace.

Signalons enfin que la tendance moderne est à l'**open punctuation** *(ponctuation ouverte) :* on limite les signes de ponctuation à ce qui est strictement nécessaire au sens.

PRÉSENTATION D'UNE LETTRE COMMERCIALE
EN ANGLAIS

La correspondance commerciale en anglais a perdu son caractère formaliste et ampoulé. Les conseils sont donc les mêmes que pour une lettre ordinaire : écrivez simplement et clairement, en utilisant autant que possible des phrases courtes et en évitant la familiarité excessive – sauf si le destinataire est un ami de longue date ; n'hésitez pas à aller à la ligne pour tout nouvel élément de votre message.

Voici quelques règles simples de présentation :

• Si vous n'écrivez pas sur du papier à en-tête, placez votre *adresse* (en tant qu'expéditeur) en haut à droite (numéro, ville ou localité, code postal). Ne pas y faire figurer votre nom, qui apparaîtra au-dessous de votre signature. Votre numéro de téléphone peut être indiqué en dessous (Phone : 00.00.00).

• L'indication de la *date* vient sous cette adresse.

Si vous écrivez sur du papier à en-tête, la date est en haut à droite, sous l'en-tête. On n'indique pas le nom de la localité avant la date, à la différence du français. On peut aujourd'hui écrire la date de diverses façons : **23rd March 1992** correspond à la tradition britannique ; on trouve aussi : **12th June 1992, 5 April, 1992, May 22nd, 1992, September 10th 1992.**

La forme suivante, d'origine américaine, est maintenant fréquente dans l'usage international : **February 6, 1992.** Les abréviations peuvent aussi être utilisées : **8 Oct. 1992, Dec. 15th, 1992.**

On trouve des dates indiquées uniquement en chiffres, comme en français, mais un tel usage peut être dangereux car :
— en anglais britannique : **4.3.92** signifiera comme en français *le 4e jour du 3e mois (mars)* ;
— alors qu'en anglais américain c'est le mois qui vient en tête et **4.3.92** signifiera donc le *3 avril*. Le *4 mars* serait, version US, **3.4.92.**

• La *référence*, quand elle existe, se place en haut à gauche, sous l'en-tête, et comporte en général un numéro (code) et des initiales (auteur de la lettre et secrétaire ou dactylo).

• L'*adresse du destinataire* (dite **inside address,** *adresse intérieure*) figure en haut à gauche (sous la référence si celle-ci existe). Elle comporte : le nom et l'adresse du destinataire, individu ou société. S'il s'agit d'une personne : elle commencera par **Mr, Mrs, Miss, Messrs** (*Messieurs*), **Ms** (qui ne préjuge pas du fait qu'une femme est mariée ou non, sigle souhaité par des associations pour la libération de la femme).

Ces abréviations peuvent être suivies d'un point **(Mr.).** C'est une pratique courante en américain, bien que les puristes n'aiment pas ce point qui vient après la dernière lettre d'un mot. Viennent ensuite l'initiale et le nom. Les Américains utilisant leurs deux prénoms, on aura **J.K. Thomson** ou **John K. Thomson.** L'adresse (numéro, ville ou localité, code postal) vient ensuite.

Les Britanniques utilisent parfois – de plus en plus rarement – l'abréviation de courtoisie : **Esq.** (**Esquire,** à l'origine *écuyer*). **G. Thomson, Esq.** ne signifie rien d'autre que : **Mr. G. Thomson.**

• Les formules de *salutation* les plus générales : **Dear Sir,** ou **Dear Madam,** ou **Dear Sirs,** sont suivies d'une virgule en anglais britannique, de deux points en américain.

Malgré la présence de **Dear,** ces formules correspondent au français *Monsieur* ou *Madame*, etc. *Mesdames* se dira **Mesdames.** L'Américain utilisera **Gentlemen :** au lieu de **Dear Sirs,** (G.B).

Pour exprimer *Cher Monsieur*, forme plus cordiale, plus personnelle, on fera figurer le nom du destinataire : **Dear Mr Johnson.**

Dans le cadre de relations fréquentes et de longue date, l'usage américain permet l'utilisation du prénom : **Dear John,** la virgule étant dans ce cas considérée comme moins formelle.

Les formules de salutation se placent à gauche, et non au milieu.

• Le *corps* de la lettre.
Deux présentations sont possibles :
– *présentation décalée* (**indented form),** où chaque paragraphe commence légèrement en retrait (cf. p. 19) ;
– *présentation compacte* (**block form)** où toutes les lignes commencent à la verticale l'une de l'autre (cf. p. 20).

Il faut un double interligne entre les paragraphes.

• Pas de longue formule finale à la française mais une *brève expression de clôture*, en accord avec la salutation.
– En anglais britannique, si la lettre commence par **Dear Sir,** terminer par **Yours faithfully.** Si elle commence par **Dear Mr Thomson,** terminer par **Yours sincerely. Yours truly** peut parfois remplacer **Yours faithfully** ou **Yours sincerely.** Une lettre de ton familier peut être terminée par **Yours.**

– Usage américain : **Yours faithfully** n'est guère utilisé ; on utilise **Sincerely yours,** ou simplement **Sincerely,** parfois **Very truly yours.**

Le premier mot – et le premier seulement – de la formule est toujours écrit avec une majuscule. La formule est toujours suivie d'une virgule.

La formule de clôture se place le plus souvent à gauche en *block form*, à droite en *indented*.

• *Signature*.
Au-dessous de la formule de clôture, au-dessus du nom du signataire et de sa fonction. Si c'est une signature par procuration, le nom de la personne au nom de laquelle on signe apparaîtra au-dessus de la signature, et sera précédé de **p. p.** ou de **per pro** (abréviation du latin pour *par procuration*).

• Les *pièces jointes* sont signalées en bas de la lettre à gauche, par la mention : **Encl.** ou **Enc.,** suivie de la nature des pièces.

Présentation décalée (indented form)

SCORE

Michael House Baker Street London WIA IDN
TELEPHONE 01-935 4433
TELEX NUMBERS 23365 26657

03/JB/VL

Mr. Michel Lesage   26th May, 19..
141, rue Saint-Jacques
75005 Paris - France

Dear Mr. Lesage,

    I have pleasure in confirming your appointment
as our representative in France with effect from
June 1st 19..

    We have considered the large scale potential of
developing our exports to Europe. With your
experience in the French market we feel sure that
you will be able to make a substantial contribution
towards promoting the name "Score", our image and
our merchandise, which has already proved so
acceptable in the U.K. and other countries.

    As we have already discussed we should be
pleased to make available to you a commission rate
of 10% of orders which are placed with us and which
we have confirmed and delivered.

    We should also be responsible for expenses in
respect of visits to this country which are made
specifically on behalf of "Score" and by prior
arrangement. We should also be prepared to
reimburse you for expenses incurred on behalf of
our executives who visit France.

    It is our intention to review the terms of our
association at six-monthly intervals.

    May I say how much we look forward to a very
close association and the prospect of developing
our activities in France.

                       Yours sincerely,

                       John Baxter
                       Managing Director

Présentation compacte (block form)

BURNS AND HAYWARD
702 RICHMOND AVENUE, PORTLAND, OREGON, 971217

MCB/jap

Mr. Paul Clément   June 4, 199..
Cie La Prévention
Boîte postale 212
45802 Orléans Cedex – France

Dear Paul :

As you will probably know, last week my chief fire
loss control engineer, John Maxwell, visited
5 locations in France accompanied by Alain Berger
and later had discussions with Marc Roget and Peter
Barton.

My purpose in writing to you is first to say how
pleased we are with the fire engineering service we
receive from your company ; the relationship with
Alain Berger is first class and John Maxwell is able
to obtain very good results indeed.

I wonder whether you would be kind enough to pass on
our thanks to Marc Roget and Alain Berger for the
very good work they are providing in fire loss
control.

I look forward to renewing our acquaintance in the
future.

Very truly yours,

M.C. BURNS

I

UNSOLICITED OFFERS

OFFRES NON SOLLICITÉES

Lettres écrites par des fournisseurs
ou fabricants à des clients
potentiels pour leur proposer leurs
produits ou leurs services.

LITEX and Co. Ltd.
Green Mills, Emsley ; Bridford
Tel. 086 304 4104 + + +   Telex 589324

Ref. : PU/ot

S.B.M. INDUSTRIELLE
153, bd Herriot
LYON 3
FRANCE   8th October, 199..

Dear Sirs,

  We have been increasingly aware of the demand for
industrial fabrics which have good wearing
qualities and corrosion resistance in the factory
environment.

  In order to meet this demand we are bringing out
"WEARTEX", a new line of cotton/terylene fabrics
which combine resistance to wear with general
flexibility. Enclosed with this letter you will
find samples of the new material in varying
colours, together with a copy of our brochure
setting out full details of the possible
applications of the fabric.

  Trial orders are welcome and should be sent to us
on the form which you will find in our brochure. We
are prepared to grant a 15% discount on all orders
for "WEARTEX" received before the 31st of December.

  We look forward to hearing from you.

                            Yours faithfully,
                            LITEX and Co. Ltd.

                            Peter UPTON
                            Sales Manager

Encl.

LITEX et Co. Ltd.

Nos réf. :   *S.B.M. INDUSTRIELLE*
PU/ot   *153, bd Herriot*
                                              LYON 3
P.J. :   *FRANCE*
Brochure
                                              Le 8 octobre 199..

Messieurs,

Nous sommes[1] de plus en plus conscients de la demande
en[2] tissus industriels capables de résister à l'usure[3] et
aux actions corrosives[4] qu'ils doivent subir dans les usines[5].

Afin de répondre à cette demande, nous présentons[6]
« WEARTEX », nouvelle gamme[7] de tissus en coton/tergal qui
allient la robustesse[8] à une grande souplesse d'utilisation[9].
Nous vous prions de trouver ci-joint des échantillons
de ce nouveau produit dans un assortiment
de couleurs[10], ainsi que notre brochure[11] qui donne[12] tous
les détails sur les possibilités offertes[13] par ces tissus.

N'hésitez pas à nous passer une commande à titre d'essai[14] en
nous adressant[15] le bulletin[16] figurant[17] dans la brochure.
Nous accordons[18] une réduction[19] de 15% sur toutes
les commandes qui nous parviendront avant le 31 décembre.

Dans l'attente de votre ordre[20], nous vous prions de croire,
Messieurs, à l'assurance de nos sentiments dévoués[21].

                                              Le directeur des ventes

                                              Peter UPTON

1 **Present perfect** en anglais : action (ou état) commencée dans le passé et continuant dans le présent.

2 Notez la préposition **for** après **demand,** *la demande en...*

3 **To wear** : a) *porter,* b) *user,* c) **to wear well :** *résister à l'usage.*

4 Mot à mot : *résistance à la corrosion.*

5 Mot à mot : *dans l'environnement de l'usine.*

6 **To bring out :** *mettre sur le marché, produire.*

7 **Line,** *ligne* (**line of products :** *ligne de produit*), ici = *gamme.*

8 Mot à mot : *résistance à l'usure,* d'où *robustesse.*

9 **General flexibility,** mot à mot : *flexibilité, souplesse générale,* d'où ici *grande souplesse d'utilisation.*

10 **Varying colours :** *couleurs variées,* d'où : *assortiment de couleurs.*

11 **A copy of :** *un exemplaire de,* omis en français.

12 **To set out,** mot à mot : *présenter.*

13 Mot à mot : *applications possibles,* d'où : *possibilités offertes.*

14 **Trial orders are welcome,** mot à mot : *les commandes d'essai sont les bienvenues ;* **trial order :** *commande d'essai, commande à l'essai, commande à titre d'essai.*

15 **Should be sent,** mot à mot : *devraient être envoyées.*

16 **Form :** *formulaire, fiche,* ici **(order) form :** *bulletin (de commande)* (émanant du fournisseur), *bon (de commande)* (émanant du client).

17 **Which you will find,** mot à mot : *que vous trouverez.*

18 Mot à mot : *nous sommes prêts à accorder,* d'où *nous accordons.*

19 **Discount :** terme général qui peut recouvrir toute forme de réduction ou d'escompte (*un rabais :* **a rebate,** une *ristourne :* **a refund, a return, a rebate**).

20 **We look forward to hearing from you,** mot à mot *nous espérons avoir de vos nouvelles ;* notez l'emploi de la forme en **-ing** après **to look forward to.**

21 **Yours faithfully,** correspond au début de la lettre (**Dear Sirs**). Remarquez le raccourci par rapport à la formulation française.

1   We have just launched a new product...

2   We are the leading manufacturers for this article...

3   For the last twelve years we have specialized in...

4   This new item is outstandingly reliable.

5   We now offer a more comprehensive service...

6   We hope this new range will meet your requirements.

7   Our representative will call on you for a free demonstration.

8   Our latest models are on display at our showrooms.

9   We enclose technical specifications and directions for use.

10   Do not hesitate to place an order with us.

11   This new process is more economical and time-saving.

12   Our rental service will help you minimize costs and maximize efficiency.

13   Further details (particulars) can be obtained on request.

14   Just dial... and we will be happy to discuss the matter with you.

15   We will send (mail) you our brochure by return.

---

1   Nous venons de lancer un nouveau produit...

2   Nous sommes les premiers fabricants de cet article...

3   Depuis douze ans, nous nous spécialisons dans...

4   Cet article récent est d'une fiabilité remarquable.

5   Nous offrons maintenant un service plus complet...

6   Nous espérons que cette nouvelle gamme répondra à vos besoins.

7   Notre représentant passera chez vous pour une démonstration gratuite.

8   Nos tout derniers modèles sont présentés dans nos salles d'exposition.

9   Veuillez trouver ci-joint une fiche technique et le mode d'emploi.

10   N'hésitez pas à nous passer commande.

11   Ce nouveau procédé vous permet de réaliser une grande économie de temps et d'argent.

12   Notre service de location vous permettra de réduire vos coûts et d'accroître votre efficacité.

13   Des renseignements complémentaires peuvent être obtenus sur demande.

14   Il vous suffit de téléphoner au... et nous serons heureux de nous entretenir de ce problème avec vous.

15   Nous vous ferons parvenir notre brochure par retour du courrier.

SABREL
Produits Pharmaceutiques
25, rue Roger-Barnier
93800 BOURGIL
Tél. 725.28.13

Réf. : JC/BB

BROWN et BOOTS
37, Oxford Rd
LEICESTER (G.B.)

14 mai 199..

Monsieur,

Vous nous connaissez bien et vous appréciez nos services
— alors, consultez immédiatement notre nouveau catalogue,
notre gamme de produits s'est étendue...

Vous ne connaissez pas encore Sabrel et pourtant vous êtes
probablement intéressé par un ou plusieurs produits que
nous distribuons. Permettez-nous, dans ce cas, de nous
présenter :
   nous avons sélectionné nos fournisseurs pour la qualité de
   leur fabrication ;
   notre connaissance approfondie des produits nous permet
   de vous assister utilement dans le choix du matériel le
   mieux adapté à vos problèmes ;
   nos communications journalières avec les fabricants
   assurent un traitement rapide de vos demandes
   particulières ;
   notre service après-vente est à même d'intervenir dans les
   délais les plus brefs ;
   notre bureau de New York est, en outre, organisé pour
   localiser et fournir rapidement des produits qui ne sont pas
   disponibles sur le marché français.

Après avoir pris connaissance de notre catalogue, n'hésitez
pas à nous réclamer de plus amples informations à l'aide de la
carte-réponse jointe ou à nous appeler directement à nos
bureaux.

Je vous prie d'agréer, Monsieur, l'expression de mes
sentiments distingués.

SABREL

Ref. : JC/BB

BROWN and BOOTS Chemicals
37, Oxford Rd,
LEICESTER (G.B.)   14th May, 199..

Dear Sir,

If you are already aware of the quality of our
service[1] consult our new catalogue now. You will
find that[2] our range of products has increased.

Even if you are not yet familiar with Sabrel[3],
one or more of our products will almost certainly
interest you[4]. In this case, allow us[5] to introduce
ourselves :
   our suppliers are selected[6] for the quality of
   their manufacture[7] ;
   our in-depth[8] knowledge of products makes it
   possible to help you[9] choose[10] the materials best
   suited to[11] your requirements ;
   our daily contacts with manufacturers guarantee
   that your specific needs[12] are dealt with[13]
   rapidly ;
   our after-sales service is in a position[14] to act
   at short notice[15].

In addition, our New York office is organised so
as to locate and supply quickly the goods[16] which are
not available in France. When you have looked
through[17] our catalogue, do not hesitate to ask for
further information[18] by using the enclosed reply-
card or by calling our office[19].

                                        Yours faithfully[20],

1　Mot à mot : *si vous connaissez déjà la qualité de notre service.*

2　Mot à mot : *vous trouverez que, vous verrez que ;* correspond au *alors* de la lettre de départ.

3　Mot à mot : *même si vous ne connaissez pas encore.*

4　Mot à mot : *un ou plusieurs de nos produits vous intéresseront presque certainement.* Il n'est pas nécessaire de traduire ici : *que nous distribuons.*

5　Variantes : **permit us to, let us, may we.**

6　Mot à mot : *nos fournisseurs sont choisis.*

7　**Manufacture** désigne tantôt le fait de fabriquer, tantôt l'article fabriqué.

8　Variante : **specialized.**

9　**To help** rend à la fois *assister* et *utilement.*

10　L'anglais préfère souvent le verbe au nom (**to choose,** *choisir,* pour *le choix*).
Notez la construction aujourd'hui fréquente de **to help** + infinitif sans **to.**

11　Variante : **adjusted to.**

12　Variante : **particular requirements.**

13　Variante : **seen to.**
To see to something : *veiller à quelque chose.*

14　Variante : **is ideally placed to.**

15　**Notice :** *délai de préavis.*
To give notice : *prévenir (à l'avance), donner un préavis.*

16　Notez l'article **the** en anglais, car le sens est : *ceux des produits qui, ces produits qui.* Variante : **Besides, our New York office can locate...**

17　**To look through :** *feuilleter, parcourir.*
Variante : **to examine.** Autres variantes : **Once you have looked... ; after looking.**

18　L'anglais **information** est toujours singulier.

19　Variante : **offices.** Il n'est pas nécessaire de traduire *directement.*

20　Formule de clôture traditionnelle dans une telle lettre ; tend à être remplacée par la tournure plus familière **Yours sincerely.**

to meet the demand : *répondre à la demande.*

to bring out : *mettre sur le marché, lancer, sortir.*

line : *ligne (de produits), gamme.*

flexibility : *souplesse (d'emploi).*

to enclose : *joindre (à une lettre).*

sample : *échantillon.*

copy : *exemplaire, double.*

trial order : *commande à titre d'essai.*

form : *formulaire, bon, bulletin, fiche.*

to grant a discount : *accorder une réduction.*

to launch : *lancer.*

leading : *principal, important.*

manufacturer : *fabricant.*

reliable : *fiable, sûr.*

comprehensive : *complet, étendu, global, exhaustif.*

range : *gamme.*

to meet the requirements : *répondre aux besoins.*

representative : *représentant.*

on display : *exposé, présenté.*

showrooms : *salles d'exposition.*

directions for use : *mode d'emploi.*

to place an order : *passer une commande.*

economical : 1. *économique (qui fait faire des économies) ;* 2. *rentable.*

time-saving : *qui fait gagner du temps.*

rental (adjectif et nom) : *de location ; location.*

further particulars, further information : *renseignements complémentaires.*

to dial : *composer (numéro).*

to mail : *poster, envoyer par la poste.*

by return : *par retour du courrier.*

supplier : *fournisseur.*

manufacture : *fabrication ; article.*

to deal with : *s'occuper de, traiter.*

after-sales service : *service après-vente.*

at short notice : *dans les délais les plus brefs.*

to locate : *localiser (aussi situer).*

to supply : *fournir.*

available : *disponible.*

to look through : *parcourir (catalogue, etc.).*

reply-card : *carte-réponse.*

A ■ Traduire

1. *Nous acceptons volontiers les commandes à l'essai.*
2. *Nous sommes depuis cinq ans les plus gros fabricants de...*
3. *Notre service après-vente est capable d'intervenir dans les délais les plus brefs.*
4. *Cet article devrait correspondre à vos besoins.*
5. *Nous sommes prêts à vous accorder une réduction de 5%.*

B ■ Traduire la lettre

Messieurs,

Veuillez trouver ci-joint notre dernier catalogue. Nous espérons que cette nouvelle gamme répondra à vos besoins.

Notre représentant est à votre disposition pour une démonstration gratuite.

Nous accordons une réduction de 15% sur toutes les commandes qui nous parviendront avant Noël.

CORRIGÉ

A ■

1. Trial orders are welcome...
2. For the last five years, we have been the leading manufacturers for...
3. Our after-sales service is in a position to act at short notice.
4. This item should meet your requirements.
5. We are prepared to grant you a 5% discount.

B ■

Dear Sirs,

We enclose[1] our latest catalogue.
We hope this new range will meet your requirements.

Our representative is at your disposal for a free demonstration.

We are prepared to grant you a 15% discount on all orders received before Christmas.

1. Variante : Please find enclosed...

II

INQUIRIES FROM POTENTIAL CUSTOMERS

DEMANDES DE RENSEIGNEMENTS DE CLIENTS A FOURNISSEURS

Le client potentiel écrit
pour obtenir des renseignements
sur des produits
ou services, ou demande des précisions
à la suite d'un premier contact.

LIGHTFOOT INDUSTRIES Ltd.
18 Churchill Place
Tipton NT4 9HJ Somerset

Ref. : JD/CP

PENTAMEX S.A.
15 La Boiserie
92100 BOULOGNE-BILLANCOURT
FRANCE   4th April, 199..

Dear Sir,

   We are in receipt of your brochure introducing
your new products in the "CLAIRTEX" range.

   Some of the items presented could have
applications in our own manufacturing processes.

   We should be obliged if you would forward fuller
details of the range together with your current
price-list quoting terms for overseas delivery.

                              Yours faithfully,

                              John DIXON
                              Purchasing Manager

Dear Sirs,

   We were interested to receive your circular
announcing the launching of new machines for
improving quality control.

   We would be pleased if you would let us have full
details of the various middle-range machines as
well as your terms of sale.

                              Yours faithfully,

LIGHTFOOT INDUSTRIES Ltd.

Nos réf. :   *PENTAMEX S.A.*
JD/CP

                                                       4 avril 199..

Monsieur[1],

*Nous avons bien reçu[2] votre brochure présentant les
nouveaux produits de votre[3] gamme[4] CLAIRTEX.*

*Certains des articles présentés[5] pourraient être utilisés dans
nos procédés de fabrication.*

*Nous vous saurions gré[6] de nous faire parvenir[7] une
documentation plus complète[8] sur cette[9] gamme, ainsi que
vos tarifs actuels[10], en indiquant[11] vos conditions[12] de livraison
à l'étranger[13].*

*Veuillez agréer, Monsieur, l'expression de nos sentiments
distingués.*

                                            Le directeur des achats

                                                  John DIXON

Messieurs[14],

*C'est avec intérêt que nous avons reçu[15] votre circulaire
annonçant le lancement[16] de nouvelles machines destinées à
améliorer[17] le contrôle de qualité.*

*Nous vous serions obligés de nous adresser[18] des
renseignements complets[19] sur les différentes machines de la
gamme moyenne, ainsi que vos conditions de vente.*

Veuillez agréer, Messieurs, nos salutations distinguées.

1   On n'utilise le nom de la fonction (en anglais comme en français) que lorsqu'on ne connaît pas le nom de la personne.

2   **Receipt :** *réception, reçu ;* variante : **we acknowledge receipt of :** *nous accusons réception de...*

3   Mot à mot : *vos nouveaux produits de la gamme.*

4   **Range :** *gamme (d'articles), éventail (de prix), rayon d'action, puissance,* etc.
    To range : *couvrir, s'étendre de... à..., embrasser...*

5   Notez la place du participe passé en anglais ; **Information given, received :** *renseignements donnés, reçus.*

6   Mot à mot possible : *nous vous serions obligés.* Dans de tels cas, **should** tend à être remplacé par **would.** Variante : **please forward,** etc.

7   Mot à mot : *si vous nous expédiez...*

8   **Fuller details,** *détails plus complets,* d'où *documentation.*

9   L'article **the** est souvent à traduire par *ce, cet, cette, ces.*

10 **Current :** *actuel, présent, courant.*

11 **To quote :** *coter, indiquer, communiquer (tarifs, prix).*

12 **Terms :** *conditions.*

13 **Overseas :** *outre-mer,* d'où *étranger.*

14 **Dear Sirs :** *Messieurs ;* il s'agit d'une lettre adressée à une entreprise dont les noms des responsables ne sont pas connus de l'expéditeur.

15 Notez la traduction qui évite de commencer la lettre par une première personne.

16 Du verbe **to launch :** *lancer (navire, article, campagne).*

17 Notez l'emploi de la forme en **-ing** après les prépositions (ici **for**) ; remarquez aussi que le sens très fort de la préposition amène à la rendre par un verbe en français : *destiné à* ou *permettant de.*

18 **To let us have :** *nous laisser (permettre d', de), avoir, obtenir, recevoir,* d'où : *nous adresser.*

19 Variante en style plus simple : **Please send us full details...**

CONTRACTIONS

L'usage est d'éviter dans les lettres commerciales les contractions du type **we're (we are), we'd (we would** ou **we should)** et à plus forte raison celles qui portent sur d'autres personnes (**you'll** pour **you will, they're** pour **they are).**

On ne les utilise que pour citer les paroles prononcées par quelqu'un, ou, par exemple, dans un slogan publicitaire.

1 Before we consider placing an order, we would like to know...
2 We would expect to negotiate favourable terms.
3 We would like to have a trial of the items mentioned.
4 We would appreciate a reply at an early date.
5 Looking forward to a prompt reply, I am...,
6 Some of the items listed have aroused our interest.
7 We were surprised to find that this article no longer features in your new catalogue.
8 Are we to understand that the product has been discontinued ?
9 Do you supply operating instructions and specification sheets in French ?
10 We would like to know if you would be in a position to supply...
11 Having encountered difficulty in obtaining supplies of...
12 However some slight modification would be necessary in order to adapt your product to the French market.
13 Could you let us have the address of a local distributor ?
14 Before placing a firm order we would like...

---

1 *Avant de passer commande, nous aimerions savoir...*
2 *Nous espérons qu'il sera possible d'obtenir des conditions favorables.*
3 *Nous aimerions pouvoir essayer les articles mentionnés.*
4 *Nous aimerions obtenir une réponse rapide.*
5 *Dans l'attente d'une réponse rapide, nous vous prions d'agréer, etc.*
6 *Certains des articles mentionnés ont éveillé notre intérêt.*
7 *Nous avons été surpris de voir que cet article ne figure plus dans votre catalogue.*
8 *Devons-nous en conclure que vous ne fabriquez plus ce produit ?*
9 *Disposez-vous de mode d'emploi et de fiches techniques en français ?*
10 *Nous aimerions savoir si vous êtes en mesure de fournir...*
11 *Nous avons des difficultés d'approvisionnement en...*
12 *Cependant une légère modification serait nécessaire pour adapter votre produit au marché français.*
13 *Pourriez-vous nous communiquer l'adresse d'un distributeur dans notre région ?*
14 *Avant de passer une commande ferme nous souhaiterions...*

Messieurs,

Votre brochure a retenu toute notre attention et nous sommes particulièrement intéressés par le modèle B5T présenté à la page 24.

Les caractéristiques de cet article semblent en effet correspondre aux besoins de notre clientèle.

Comme vous le conseillez, nous avons pris contact avec l'entreprise Modaz que vous présentez comme le distributeur exclusif pour notre région. Il nous a été répondu que cette entreprise ne distribuait plus vos produits.

Vous serait-il possible de nous communiquer l'adresse d'un autre fournisseur ou, à défaut, de nous faire savoir si vous êtes en mesure de nous livrer directement, en nous précisant vos conditions de vente ?

Veuillez agréer, Messieurs, l'assurance de nos sentiments distingués.

Lettre à traduire en américain

Monsieur,

Nous vous remercions de la documentation que vous nous avez adressée le 12 décembre.

Malheureusement nous avons dû, en raison de la restructuration de notre entreprise, abandonner la distribution de cette ligne de produits.

Nous nous sommes permis de transmettre votre catalogue à la maison Borger Frères, qui pourrait être intéressée par vos propositions.

Espérant qu'il vous sera possible de traiter avec cette entreprise, nous vous prions de croire à nos sentiments distingués.

Dear Sirs,

We have studied your brochure and are
particularly attracted[1] by the B5T on[2] page 24.

The qualities of this item seem to correspond to
the needs of our clients[3].

As you advise, we have contacted MODAZ, whom you
mention as the exclusive distributor[4] in the area[5].
We were told[6] that this firm no longer distributes[7]
your products.

We wondered whether[8] you would be able to give us
the address of another supplier or, failing this[9],
to let us know if you are in a position to deliver
directly.

In the latter case, we would be grateful if you
would give us details[10] of your terms of sale.

                                      Yours faithfully,

(U.S.)

Dear Sir[11] :

Thank you for the literature[12] which you mailed[13] us
on December 12[14].

Unfortunately, reorganisation of our plant[15]
forces us to discontinue[16] distribution of this
product line.

We took the initiative of passing your catalog[17] on
to Borger Bros.[18] who might be interested[19].

We hope you will be able to deal with them[20].

Sincerely[21],

1 Mot à mot : *nous avons étudié votre brochure et sommes
   particulièrement attirés par...* Variante : **interested in...**

2 Inutile de traduire *présenté à :* **on** suffit ici. La préposition a un
   rôle très fort en anglais.

3 **Client,** dans les lettres, est souvent préféré à **customer.** Il est plus
   respectueux et indique des relations suivies. C'est par ailleurs le
   terme employé dans le domaine des services : **client of a bank,
   of a hotel.**

4 Ou : **sole agent.**

5 **Region** en anglais implique une zone plus vaste que le français
   région ; **area :** *région, territoire ;* **the area, this area :** *notre
   région.*

6 Mot à mot : *on nous a dit ;* remarquez la voix passive.

7 La concordance des temps n'est pas nécessaire ici en anglais.
   Le présent insiste mieux sur l'absence de distribution.

8 Mot à mot : *nous nous sommes demandé si.*

9 **To fail :** *ne pas avoir lieu, échouer.* Cf. **failing payment :** *faute
   de paiement.*

10 Mot à mot : *dans le dernier cas, nous serions reconnaissants si
   vous nous donniez des détails...* préciser se traduirait par : **to
   specify, to stipulate, to mention.**

11 Notez la ponctuation américaine.

12 Très employé au sens de documentation publicitaire ou technique.

13 **To mail :** *expédier.* Plus utilisé en américain qu'en anglais.

14 Remarquez la façon américaine d'indiquer la date. On aurait en
   anglais : **which you sent on 12 December.**

15 C'est le mot le plus fréquent pour désigner une usine en
   américain. En anglais, **factory** est plus fréquent sauf pour les
   industries récentes (**chemical plant, electric plant, nuclear
   plant**) ; **plant** signifie aussi *équipement lourd.*

16 *Suspendre, mettre fin à.*

17 Orthographe U.S. G.B. : **catalogue.**

18 **Bros. :** abréviation de **Brothers,** *frères.*

19 **Interested** suffit ici. *Proposition :* **proposal** ou, plus américain,
   proposition.

20 **With this firm** pourrait être ambigu : **this firm,** *cette entreprise
   ci, la nôtre.*

21 Fin de lettre de plus en plus fréquente dans la correspondance
   non formaliste.

receipt : reçu.

item : article.

manufacturing : fabrication.

process : procédé ; processus.

to forward : expédier ; faire suivre.

price-list : tarif.

to quote : mentionner, citer, indiquer un prix.

terms : conditions.

overseas : outre-mer, à l'étranger.

delivery : livraison.

circular : circulaire.

quality control : contrôle de qualité.

middle-range : intermédiaire (gamme, portée, etc.).

terms of sale : conditions de vente.

favourable terms : conditions avantageuses.

trial : essai.

at an early date : (très) prochainement, bientôt.

to list : indiquer, préciser, donner (une suite, une liste d'indications).

to arouse : éveiller (intérêt, etc.).

to feature : comporter, faire figurer.

to discontinue : suspendre, mettre un terme à, cesser.

operating instructions : mode d'emploi.

specification sheet : fiche technique.

distributor : distributeur.

client : client.

to advise : conseiller.

to contact : contacter, entrer en contact avec.

exclusive distributor : distributeur exclusif.

area : zone, région, territoire.

to distribute : distribuer.

to fail : échouer ; manquer, ne pas se produire.

to deliver : livrer.

grateful : reconnaissant.

literature : documents publicitaires, documentation.

to mail : envoyer par la poste, poster.

plant : usine.

distribution : distribution.

catalogue, (U.S.) **catalog** : catalogue.

A ■ Traduire

1. *Veuillez agréer, Messieurs, l'assurance de nos sentiments distingués.*
2. *Avez-vous abandonné ce modèle ?*
3. *Avant de passer commande, nous aimerions savoir...*
4. *Pourriez-vous nous communiquer l'adresse d'un autre fournisseur ?*
5. *Faites-nous connaître vos conditions de vente.*

B ■ Traduire la lettre

Messieurs,

Nous avons bien reçu votre nouveau catalogue.

Nous aimerions avoir des précisions sur les modèles XXX et notamment sur les prix qui ne figurent pas dans votre catalogue.

Pourriez-vous également nous faire parvenir des fiches techniques plus détaillées pour le modèle XYZ.

CORRIGÉ

A ■

1. Yours faithfully,
2. Have you discontinued this model ?
3. Before placing an order we would like to know...
4. Could you let us have the address of an other supplier ?
5. Let us know your terms of sale.

B ■

Dear Sirs,

Thank you for the new catalogue/We are in receipt of your new catalogue/We acknowledge receipt of your...

We would like to have details about the XXX model and particularly on the prices which do not appear on/in your catalogue.

Could you also forward us/let us have/more detailed technical specifications for the XYZ model.

III

REPLIES
TO
INQUIRIES

*RÉPONSES
A DES DEMANDES
DE RENSEIGNEMENTS*

Le fournisseur ou fabricant
répond à des demandes
de renseignements de clients qui souhaitent
recevoir une documentation précise,
ou des échantillons,
ou qui veulent obtenir des précisions
sur des articles figurant au catalogue,
ou sur les conditions de livraison,
etc.

WADCO MANUFACTURING CO. LTD.
24, Crescent St., London SW4.

Ref. : FT/AB

Mr. J. LELOT
Service des Achats
Société UNICOUPE
191, av. Halévy
69002 LYON CEDEX 02
FRANCE   1st July. 199..

Dear Mr. Lelot,

We were pleased to receive your inquiry of 25 June
concerning the SILVA range of machine tools
featured in our new catalogue.

Mr. Donald JENKINS, our Area Sales Manager, will
telephone your office shortly in order to arrange a
meeting. He will be able to give more complete
details of the machines and advise you on suitable
items for trial.

We are sure you will find our SILVA range
excellently suited to your requirements.

                    Yours sincerely,
                    WADCO MANUFACTURING CO. LTD.

                    F. TOMKINS
                    Sales and Marketing Manager

WADCO MANUFACTURING CO. LTD.

Nos réf. :   Monsieur J. LELOT
FT/AB   Service des Achats
                                        Société UNICOUPE
                                        191, av. Halévy
                                        69002 LYON CEDEX 02
                                        FRANCE

                                        Londres, le 1ᵉʳ juillet 199..

Cher Monsieur[1],

Nous avons bien reçu[2] votre demande de renseignements[3] du
25 juin[4] au sujet de la gamme de machines-outils présentée
dans notre nouveau catalogue.

Monsieur Donald Jenkins, notre directeur régional des ventes,
vous contactera prochainement par téléphone[5] pour prendre
rendez-vous[6]. Il sera en mesure de[7] vous renseigner de façon
plus détaillée[8] sur les machines et de vous conseiller[9] sur les
équipements avec lesquels vous souhaiteriez effectuer des
essais[10].

Nous sommes convaincus que la gamme SILVA se révélera[11]
parfaitement adaptée à vos besoins[12].

Nous vous prions d'agréer, cher Monsieur, l'expression de
nos sentiments les meilleurs[13].

                          WADCO MANUFACTURING CO. LTD.
                          Le Directeur commercial[14]

                          F. TOMKINS

1 **Dear Sir** correspond à : *Monsieur,*
   Dear Mr. + nom à : *Cher Monsieur.*

2 Mot à mot : *Nous avons été heureux de recevoir.*
   La lettre aurait également pu commencer par : **Thank you for your inquiry...**

3 **Inquiry :** *demande de renseignement(s).*
   To inquire (ou **enquire**) : *s'enquérir, se renseigner, demander des renseignements.*
   Le guichet portant la mention **Inquiries** ou **Inquiry Office** ou **Inquiries Office** est celui où l'on demande des renseignements, d'où la traduction française : *bureau de renseignement ;* mais **inquiry** (ou **enquiry**) ne signifie nullement *renseignement donné.*
   Renseignements = **information ;** *un renseignement =* **a piece of information.**

4 On peut indiquer la date de différentes façons :
   G.B. : **25 June, 25th June**
   U.S. : **June 25, June 25th.** Mais il ne faut pas oublier la majuscule au nom de mois.

5 Mot à mot : *téléphonera à votre bureau.*

6 **To arrange a meeting** est ici l'expression la plus naturelle. Dans un autre contexte (prendre rendez-vous pour être reçu par quelqu'un) : **to make an appointment.**

7 Mot à mot : *il sera capable de ;* autre traduction : *il sera à même de.*

8 Mot à mot : *donner des détails plus complets.*

9 **To advise :** *conseiller.*
   Advice : *conseils ; un conseil :* **a piece of advice.**

10 Mot à mot : *les articles vous convenant pour un essai.*

11 Mot à mot : *nous sommes sûrs que vous trouverez notre gamme...*

12 On aurait pu avoir aussi : **We trust our SILVA range is perfectly adapted to your requirements :** *Nous pensons que notre gamme SILVA est parfaitement adaptée à vos besoins,* ou : **We hope our SILVA range will meet your requirements :** *Nous espérons que notre gamme SILVA correspondra (répondra) à vos besoins.*

13 Notez que la lettre se termine simplement par **Yours sincerely** (attention à l'orthographe : **sincere + ly = sincerely**).
   Plus familier que **Yours faithfully** qui correspondrait à une formule française parlant de *sentiments distingués.*
   Jadis utilisé dans les relations personnelles, **Yours sincerely** tend à se généraliser dans les relations commerciales.

14 En anglais, l'ordre séquentiel est : nom de la société, signature, nom du signataire, fonction du signataire.

1 We acknowledge receipt of your letter dated 7 July.

2 We are in receipt of your letter of...

3 Thank you for your interest in...

4 We are enclosing a brochure, specifications and price sheets.

5 We are sending you a copy of our latest product list under separate cover.

6 Our local sales supervisor will be getting in touch with you in the near future.

7 Our heavy duty products will be on display at the Autumn Trade Fair.

8 We can forward samples of all our articles on request.

9 Our salesman will contact you to agree on a date for a meeting.

10 All our products can be delivered within a week (at a week's notice).

11 We look forward to receiving an order from you.

12 We trust our equipment will meet your requirements.

13 The enclosed leaflet will supply full particulars.

14 We hold large stocks to cater for your requirements.

---

1 Nous accusons réception de votre lettre du 7 juillet.

2 Nous avons bien reçu votre lettre du...

3 Merci de l'intérêt que vous manifestez pour...

4 Vous trouverez ci-joint une brochure, des fiches techniques et des tarifs.

5 Nous vous envoyons sous pli séparé le détail de notre gamme la plus récente (mot à mot : un exemplaire de la liste la plus récente de nos produits).

6 Notre responsable local des ventes se mettra en rapport avec vous dans un avenir proche.

7 Notre matériel lourd sera exposé à la Foire commerciale d'automne.

8 Nous adressons des échantillons de tous nos articles à la demande.

9 Notre représentant vous contactera pour prendre date pour un rendez-vous.

10 Tous nos produits peuvent être livrés sous huitaine.

11 Nous espérons que vous nous passerez commande.

12 Nous pensons que notre matériel répondra à vos besoins.

13 Le prospectus ci-joint vous fournira tous les détails.

14 Nous disposons de stocks importants pour répondre à vos besoins.

Monsieur,

Comme suite à votre demande nous vous prions de trouver ci-joint la documentation sur les produits qui ont éveillé votre intérêt.

Nous nous tenons à votre disposition pour vous fournir toute information complémentaire que vous pourriez désirer sur ces matériels ainsi que leurs prix.

En vous remerciant de votre intérêt pour nos produits, nous vous prions d'agréer, Monsieur, nos sincères salutations.

Cher Monsieur,

En réponse à votre lettre du 10 mars, nous avons le plaisir de vous adresser notre dernier catalogue.

Il contient l'ensemble de notre gamme actuelle et les pages 16 à 22 présentent les modèles qui vous intéressent.

Si vous désirez des renseignements plus précis sur un des appareils, n'hésitez pas à nous contacter. Retournez-nous la carte réponse prévue à cet effet. Nous ne manquerons pas de vous faire parvenir aussitôt toutes informations détaillées.

Dans cette attente, nous vous prions de croire à l'assurance de nos sentiments les meilleurs.

LES COUPURES DE MOTS

La règle de base consiste à n'opérer de coupure que si l'on y est vraiment obligé :
On ne peut diviser
● les mots d'une syllabe tels que **need, price, head, goal, launch,** etc. ;
● les mots de deux syllabes dont une ne contient qu'une lettre comme **above, against, about, enough, item, open,** etc.

Dear Sir,

In reply to your inquiry we are pleased to enclose[1] literature[2] on the products which attracted your attention.

We will be happy to supply[3] any additional information[4] you may require about materials and prices.

Thanking you for your interest in our products we remain[5],

                                        Yours faithfully,

Enc.[6]

Dear Mr. Pattison[7],

In reply[8] to your letter of 10 March we send you herewith our latest catalogue.

It features[9] the complete range of our current lines[10]. The models you are interested in are presented on pages 16 to 22[11].

Should you wish to obtain[12] more detailed information about any of these appliances, do not hesitate to contact us, by returning the enclosed reply-card[13]. We will not fail to provide full particulars[14] as soon as possible.

                                        Yours sincerely,

LES COUPURES DE MOTS (suite)

On ne peut diviser
● les noms propres (sauf s'ils sont formés de plusieurs parties) ;
● les mots comportant des traits d'union (sauf au trait d'union) : **self-addressed, reply-paid.**

1 *Veuillez trouver ci-joint* peut se traduire par **Please find enclosed, we are enclosing, we are pleased to enclose, we send you herewith.**

2 **Literature** a pris le sens général de *documentation, brochure,* etc. ; notez l'orthographe : un seul **t** entre la première et la deuxième syllabe.

3 Mot à mot : *nous serons heureux de vous fournir ;* on aurait pu écrire : **we are at your disposal for any additional information.**

4 *Information complémentaire* est traduit ici par **additional information ;** mais il ne faut pvs oublier qu'**information** est en anglais un collectif singulier : **information is available :** *les renseignements sont disponibles ; une information :* **a piece of information, an item of information.**

5 L'utilisation du participe présent **thanking** en début de phrase n'est possible que parce qu'il est repris par **we remain,** *nous restons...* Variante : **we thank you for your interest in our product and remain.**

6 **Enc. = Enclosed,** ou **Enclosure(s),** *Pièce(s) jointe(s).*

7 *Cher Monsieur :* plus chaleureux que *Monsieur* ; en anglais **Dear Mr.** + nom.

8 En américain, on trouve souvent : **in response.**
   En anglais britannique, **response** ne signifie que *réaction (du public, des acheteurs,* etc.).

9 **To feature :** a) *faire figurer, présenter ;* b) *figurer, apparaître ;* **a feature :** *une caractéristique.* Variantes : **it includes ; it contains.**

10 Mot à mot : *la gamme complète de nos productions actuelles :* attention au mot français *actuel ;* le traduire par **present** ou **current (actual** en anglais signifie *vrai, authentique).*

11 **Pages 16 to 22 :** *les pages 16 à 22 ;* notez l'absence d'article en anglais.

12 Mot à mot : *au cas où vous souhaiteriez obtenir ;* variante : **if you wish to obtain.**

13 *Carte-réponse prévue à cet effet* ne passe guère en anglais. Le sens reste le même si l'on écrit : **the enclosed reply-card** *(la carte réponse ci-jointe).*

14 **Full particulars :** *tous les détails.* **To give full particulars :** *donner davantage de détails, donner des renseignements complémentaires.*

inquiry : *demande de renseignements.*

range : *gamme*

machine tool : *machine-outil.*

Sales Manager : *directeur des ventes.*

to be suited to, to be suitable for : *convenir à.*

trial : *essai.*

to meet the requirements : *répondre aux besoins.*

to acknowledge receipt : *accuser réception.*

please find enclosed, we enclose, we are enclosing, we send you herewith : *vous trouverez ci-joint.*

copy : *exemplaire.*

under separate over : *sous pli séparé.*

representative : *représentant.*

salesman : 1. *représentant de commerce.* 2. *vendeur.*

to be on display, to be displayed, to be exhibited : *être exposé.*

trade fair : *foire commerciale.*

sample : *échantillon.*

on request : *à la demande.*

within a week, at a week's notice : *dans un délai d'une semaine.*

order : *commande.*

to trust : *espérer, penser, compter, escompter, croire, être convaincu.*

leaflet : *prospectus.*

full particulars : *tous les détails.*

documentation, information, literature : *documentation.*

in reply to (U.S. : **in response to**) : *en réponse à.*

to feature : 1. *présenter, faire figurer ;* 2. *figurer.*

appliance : *appareil.*

reply-card : *carte-réponse.*

VOCABULAIRE
COMPLÉMENTAIRE

to order : *commander.*

to book an order : *enregistrer, prendre une commande.*

to place an order : *passer une commande.*

trial order : *commande à l'essai.*

bulk order : *commande en gros.*

available for immediate delivery : *disponible et livrable immédiatement.*

warehouse : *entrepôt.*

exhibition : *exposition.*

wholesaler : *grossiste.*

retailer : *détaillant.*

A ■ Traduire

1. *En réponse à votre lettre du 10 mars...*
2. *Nous accusons réception de votre lettre du 6 juin.*
3. *Notre brochure vous fournira tous les détails.*
4. *Tous ces articles peuvent être livrés sous huitaine.*
5. *Nous joignons à cette lettre des fiches techniques...*
6. *Des échantillons seront expédiés sur demande.*

B ■ Traduire la lettre

Merci de l'intérêt que vous manifestez pour nos nouveaux modèles. Notre représentant entrera en contact avec vous très prochainement.

Il vous fournira des renseignements complémentaires et vous conseillera sur les machines qui sont adaptées à vos besoins.

CORRIGÉ

A ■

1. In reply to your letter of 10th March...
2. We acknowledge receipt of your letter of 6th June.
3. Our brochure will supply full particulars.
4. All these articles can be delivered within a week.
5. We enclose specification sheets (with this letter)...
6. Samples will be forwarded on request.

B ■

Thank you for your interest in our new models. Our representative will get in touch with you very soon.

He will provide additional information (He will supply you with...) and advise you on the machines which are suited to your requirements.

LES COUPURES DE MOTS (suite)

● Ne pas séparer des lettres correspondant à un son unique.
Bonnes coupures : **mer-chan-dise, law-yer.**
● Quand il y a doublement, la coupure doit se situer entre les deux consonnes.
– c'est obligatoire pour les mots de deux syllabes : **cut-ting, big-ger ;**
– possible pour les mots de plus d'une syllabe : **transmit-ted.**

IV

ORDER PLACED BY CUSTOMER

COMMANDE PASSÉE PAR LE CLIENT

Le client passe commande,
en précisant la date et les conditions
de livraison.

Dear Sir,

Having studied the brochure on your kitchen mixers COOKHAND 2000 we wish to place an urgent order for five of the caterer-sized units with accessories as per the enclosed order form P3409 T.

If the COOKHAND 2000 unit fulfils our high expectations we would hope to place a further order with you in the near future.

Yours faithfully,

Dear Sirs,

Owing to unforeseen circumstances we urgently need to obtain supplies of your high temperature sealant B341 X.

The attached order N° 34019 A is for a total of thirty 10 lb tins and we therefore claim the discount you offer to customers placing bulk orders.

We should be obliged if you would treat our order as urgent and arrange for early delivery.

Dear Sir,

We are in receipt of your letter of 28th December 199.. and of the samples sent under separate cover.

We have tried out the samples in typical working conditions and they have performed satisfactorily. We are happy to place the enclosed order for which we hope you will be prepared to grant the special bulk reduction mentioned in your price list.

We look forward to hearing from you.

Monsieur,

Après avoir examiné[1] votre brochure présentant vos mixers de cuisine COOKHAND 2000, nous souhaitons vous passer une commande urgente pour cinq unités du modèle professionnel[2] avec leurs accessoires, selon[3] le bon de commande P3409T ci-joint.

Si le modèle[4] COOKHAND 2000 nous donne entière satisfaction[5], nous serons probablement amenés[6] à vous adresser une nouvelle commande dans un avenir proche.

Veuillez agréer, Monsieur, l'expression de nos sentiments distingués.

Messieurs,

A la suite[7] de circonstances imprévues, nous avons besoin d'une livraison rapide[8] de pâte à souder à haute température[9] B341 X.

Le bon de commande n° 34019 A ci-joint représente[10] un total de 30 boîtes de 10 livres[11], ce qui[12], pensons-nous[13], devrait nous donner droit[14] à la remise offerte pour commandes importantes[15].

Nous vous serions reconnaissants de bien vouloir exécuter cet ordre avec le maximum de rapidité[16].

Monsieur,

Nous avons bien reçu votre lettre du 28 décembre 199.. ainsi que les échantillons envoyés sous pli séparé.

Nous avons soumis[17] ces échantillons aux conditions normales d'utilisation[18] où ils se sont révélés satisfaisants[19]. Nous avons le plaisir de joindre à la présente[20] une commande, et nous espérons que vous voudrez bien[21] nous accorder la remise spéciale pour grosses quantités qui figure dans vos tarifs.

Dans l'attente de votre réponse, nous vous prions d'agréer...

1 Mot à mot : *ayant étudié.*

2 **Caterer-sized :** ici mot à mot, *d'une taille répondant aux besoins de la profession de traiteur,* d'où : *professionnel ;* adjectif composé : **caterer,** *traiteur, restaurateur ;* **size,** *taille ;* la forme en **-ed** se retrouve dans **one-eyed,** *borgne,* **one-armed,** *manchot ;* notez : **catering industries,** *restauration, hôtellerie.*

3 **As per :** *selon.*

4 **Unit :** *unité,* serait gauche en français, d'où la traduction par *modèle.*

5 Mot à mot : *répond à nos hautes espérances.*

6 La nuance conditionnelle introduite par **would** est rendue : *nous serons probablement amenés.*

7 Mot à mot : *en raison de.* En français, l'antériorité de l'événement est soulignée.

8 Mot à mot : *nous avons de façon urgente besoin d'obtenir la fourniture de...*

9 **To seal :** *sceller, fermer hermétiquement.*

10 Mot à mot : *est pour,* d'où : *représente.*

11 **Lb,** abréviation de **libra,** se lit **pound** (0,453 kg).

12 Notez la différence de construction de l'anglais ; mot à mot : *et par conséquent nous réclamons la remise que vous offrez...*

13 *Pensons-nous* rend **therefore,** *par conséquent.*

14 **To claim :** *revendiquer, réclamer,* d'où : *donner droit.*

15 **Bulk :** ici *en gros.* Peut aussi signifier *en vrac.*

16 Mot à mot : *si vous traitiez notre ordre comme étant urgent et si vous assuriez une livraison rapide...*

17 Mot à mot : *nous avons testé...*

18 **Working,** *fonctionnement, opération,* d'où : *utilisation.*

19 Mot à mot : *et ils ont fonctionné de manière satisfaisante.* Attention : **to perform** fait référence à l'efficacité où à la non-efficacité d'un comportement, mais ne signifie pas nécessairement *accomplir une performance.*

20 Mot à mot : *nous sommes heureux de passer la commande ci-jointe.*

21 Mot à mot : *vous serez prêts à...*

1 Please forward 40 units of...
2 We enclose our order for 5 dozen bottles.
3 We trust that you will grant us the 10% reduction for bulk orders.
4 This material seems to be well adapted to the requirements of our clients.
5 Are these articles available for immediate delivery ?
6 We hope your current rates will continue to apply.
7 These articles should reach us before 10 March.
8 This trial order could be followed by regular orders.
9 Your representative has advised us to contact you directly.
10 Your new range conforms to the standards of quality that we expect.
11 Please find enclosed our order form No. ...
12 We hope that it will be possible for you to have them sent to us within a week.
13 This item is listed as number 2522 in your catalogue.
14 Please let us know when you can meet (carry out) our order.

---

1 *Veuillez nous faire parvenir 40 unités de...*
2 *Nous vous passons commande de 60 bouteilles.*
3 *Nous espérons que vous nous accorderez la réduction de 10% pour commande en gros.*
4 *Ce matériel semble bien adapté aux besoins de notre clientèle.*
5 *Ces articles sont-ils disponibles pour livraison immédiate ?*
6 *Nous espérons que vos tarifs actuels resteront en vigueur.*
7 *Ces articles devront nous parvenir avant le 10 mars.*
8 *Cette commande à l'essai pourrait être suivie de commandes régulières.*
9 *Votre représentant nous a conseillé de vous contacter directement.*
10 *Votre nouvelle gamme correspond aux normes de qualité que nous exigeons.*
11 *Veuillez trouver ci-joint notre bon de commande n° ...*
12 *Nous espérons qu'il vous sera possible de nous les faire parvenir dans un délai d'une semaine.*
13 *Cet article figure sous le n° 2522 dans votre catalogue.*
14 *Faites-nous savoir quand vous serez en mesure d'exécuter notre commande.*

Madame,

Comme suite à notre entretien téléphonique du 20 août dernier, nous vous passons commande de 300 blousons fourrés simili cuir, taille 38.

Nous vous rappelons que ces articles doivent impérativement nous être livrés pour le 7 septembre, la rentrée scolaire ayant lieu le 13.

Nous vous prions de croire, Madame, à l'expression de nos sentiments distingués.

Monsieur,

Nous avons bien reçu vos échantillons et sommes particulièrement intéressés par votre modèle Chambord.

Veuillez trouver, ci-joint, un bon de commande pour 200 services de table de ce type.

Contrairement à ce que vous avait laissé entendre M. Duvivier, il devront être livrés à notre magasin du Havre et non pas à notre entrepôt de Dieppe, la date restant la même, à savoir la dernière semaine de mars au plus tard.

En espérant que vous exécuterez cet ordre avec votre diligence habituelle, nous vous prions d'agréer, Monsieur, l'expression de nos sentiments les meilleurs.

Messieurs,

Nous vous confirmons notre commande de 50 lots de 6 tabourets en polypropylène, de couleur marron, et 100 tabourets à vis en hêtre massif.

Ils seront livrables à notre entrepôt de Dijon, comme il a été convenu lors de la visite de notre représentant.

Madam,

Following our telephone conversation of
20th August[1], we enclose an order for 300 fur-
lined jackets in imitation leather, size 38
continental[2].

We would remind you[3] that this order must be
delivered to us by 7 September without fail[4], as the
school year begins on the 13th.

Yours sincerely,

Dear Sir,

We acknowledge receipt of your samples and are
particularly interested in your Chambord model.

Please find enclosed an order[5] for 200 sets of this
type of table linen[6].

Contrary to what Mr. Duvivier left you to
understand[7], they should be delivered[8] to our shop
in Le Havre, and not to our[9] warehouse in Dieppe. The
delivery date will remain unchanged[10] – the last
week in March[11] at the latest.

We look forward to your usual prompt delivery of
this order[12], and remain.

Yours faithfully,

Dear Sirs,

We hereby[13] confirm our order for 50 sets of
6 stools in chestnut brown[14] polypropylene and a
hundred adjustable stools in beech[15].

They should be delivered[16] to our warehouse in Dijon
as agreed with your representative[17].

1   Pour les différentes façons d'écrire la date, voir l'introduction. Notez l'emploi de la majuscule pour les noms de mois en anglais.

2   Remarquez la traduction de *simili* par **imitation.**

3   et. 4 L'emploi de **would** atténue la sécheresse de **must** et de **without fail** (*sans faute*), tout en permettant de rester ferme.

5   *Bon de commande,* qu'il est inutile de traduire ici mot à mot, se dit **order form.**

6   *Service de table* (*nappe et serviettes*) est traduit par **table linen,** comprenant **cloth** et **napkins.**

7   Attention : dans l'expression *contrairement à* il s'agit bien de la forme **contrary.**
     ... left you to understand : remarquez l'emploi du prétérit au lieu du plus-que-parfait français (*vous avait laissé entendre*).

8   Mot à mot : *devraient être livrés.*

9   Variante : **the warehouse.**

10   N'hésitez pas, comme ici, à couper la phrase française ; deux phrases courtes sont plus claires qu'une construction longue et compliquée.

11   Remarquez l'emploi du tiret, beaucoup plus fréquent qu'en français, et qui joue le rôle d'une virgule ou d'une ouverture de parenthèse. Notez aussi l'emploi de **in** traduisant ici le français *de.*

12   Mot à mot : *nous escomptons votre habituelle livraison rapide de cette commande et restons...*

13   Mot à mot : *par la présente.* Formule fréquente dans la langue des contrats.

14   **Brown,** *brun,* serait trop vague. Il est précisé par **chestnut :** *châtaigne* (**chestnut tree :** *châtaignier*).

15   **Solid beech** si l'on tient à préciser *massif.* Cette prudence n'est pas absolument nécessaire : il ne pourrait s'agir de *plaqué* que si l'on indiquait **veneered beech.**

16   Mot à mot : *ils devraient être livrés.*

17   **Representative** est aujourd'hui la traduction la plus fréquente de *représentant.* **Commercial traveller** (G.B.) et **traveling salesman** (U.S.) sont moins employés, de même que le français *voyageur de commerce.*

caterer : 1. *traiteur ; professionnel de la restauration ;* 2. *fournisseur.*

unit : *unité.*

accessory : *accessoire.*

order form : *bon de commande.*

to fulfil : *accomplir.*

expectation : *espoir, attente.*

in the near future : *dans un avenir proche, prochainement.*

owing to : *en raison de.*

unforeseen circumstances : *situation(s) imprévues(s), circonstance(s) imprévue(s).*

attached : *joint, ci-joint.*

tin : 1. *fer-blanc, étain ;* 2. *boîte de conserve.*

therefore : *par conséquent.*

to claim : *réclamer, demander.*

discount : *réduction ; escompte.*

to arrange for early delivery : *assurer une livraison rapide.*

bulk order : *commande en gros, commande importante.*

to try out : *essayer.*

to perform : *se comporter.*

bulk reduction : *réduction pour commande importante, remise sur quantité.*

to continue to apply : *rester en vigueur.*

to meet an order, to carry out an order : *honorer, exécuter une commande (également* **to fulfil an order,** *(U.S.)* **to execute an order**).

following : *comme suite à, à la suite de.*

size : *taille.*

without fail : *impérativement.*

contrary to : *contrairement à.*

at the latest : *au plus tard.*

to confirm : *confirmer.*

warehouse : *entrepôt.*

as agreed : *comme convenu.*

LES COUPURES DE MOTS (suite)

Quand il y a coupure, il faut respecter l'intégrité du préfixe ou du suffixe : **to prepare, dis-count, con-tract, use-ful, arising, trans-port-ing.**

A ■ Traduire

1. *Comme suite à notre entretien téléphonique...*
2. *Nous vous avons déjà passé plusieurs commandes...*
3. *La date de livraison restera la même.*
4. *Les articles devraient être livrés à notre entrepôt de...*
5. *Nous espérons que vous nous ferez bénéficier d'une remise sur quantité.*
6. *Nous vous serions reconnaissants de bien vouloir exécuter notre ordre dans les meilleurs délais.*

B ■ Traduire la lettre

Nous vous confirmons notre commande de...

Nous vous rappelons que la livraison doit avoir lieu le 20 mars au plus tard.

Comme convenu avec notre représentant, les marchandises sont à livrer à notre entrepôt de...

CORRIGÉ

A ■

1. Following our telephone conversation...
2. We have already placed several orders with you...
3. The delivery date will remain unchanged.
4. The articles (items) should be delivered to our warehouse...
5. We trust (hope) you will grant us a bulk reduction.
6. We should be obliged if you would carry out (execute) our order as promptly as possible.

B ■

We wish to confirm our order of...

We remind you that delivery must take place on 20th March at the latest.

As agreed with our representative, the goods are to be delivered to our... warehouse.

V

STATUS
INQUIRIES

RENSEIGNEMENTS COMMERCIAUX

Avant d'enregistrer
une commande importante
d'un nouveau client, le fournisseur ou fabricant
se renseigne sur la réputation
et la situation financière de l'acheteur.
Il écrit à une agence
de renseignements commerciaux,
à une entreprise
citée en référence par le nouveau client,
ou demande à son banquier
de se renseigner
auprès de la banque de l'acheteur.

CONFIDENTIAL

Dear Sir,

   We have just received a large order from Messrs
Alvarez y Gomez. They refer us for information as to
their financial standing to their bankers Tucalpo
Bank.

   Since we have only recently begun establishing
contacts with firms in their country we are
ignorant as to local conditions.

   We should therefore be obliged if you would write
to the client's banker for the required
information. In particular we should like to
determine whether the firm is considered to be in a
strong financial position and whether we should be
justified in letting them have goods on credit to
the extent of 10,000 FF at any one time.

                                        Yours faithfully,

Gentlemen :

The Sigma Cleaning Company have offered to carry
out some work for us citing your firm as reference.

Prior to booking a firm contract with them we would
like to have your evaluation of the quality of their
work and to know whether they keep within their
estimate and meet deadlines.

We would also appreciate your opinion on their
after-sales service.

You may be sure your opinion will be treated as
confidential.

Sincerely yours,

CONFIDENTIEL

Monsieur,

Nous venons de recevoir[1] une commande importante des Établissements Alvarez y Gomez. Pour tout renseignement sur leur situation financière, ils nous adressent à la banque[2] Tucalpo.

N'ayant que récemment établi[3] des contacts avec des entreprises de leur pays, nous ignorons tout de ce marché[4].

Nous vous serions donc obligés de bien vouloir obtenir[5] les renseignements nécessaires auprès de la banque de ce client. Nous aimerions savoir[6] en particulier si cette entreprise jouit[7] d'une situation financière saine et si nous pouvons lui fournir[8] des marchandises avec un crédit plafonné[9] à FF 10 000.

Nous vous prions d'agréer, Monsieur, l'expression de nos sentiments distingués.

Messieurs[10],

Les Établissements[11] Sigma Cleaning, qui nous ont proposé leurs services[12], vous ont cités en référence.

Avant de nous engager définitivement[13] vis-à-vis d'eux, nous aimerions connaître votre opinion sur la qualité de leur travail, leur respect du devis initial[14] et le soin qu'ils apportent à honorer les délais d'exécution[15].

Nous apprécierions également votre avis sur leur service après-vente.

Il va sans dire que tous ces renseignements demeureront[16] confidentiels.

Nous vous prions de croire, Messieurs, à l'assurance de nos sentiments distingués[17].

1   La commande n'a pas été enregistrée définitivement. D'où l'emploi de **received** plutôt que **booked**. (**To book an order,** *enregistrer une commande.*)

2   Mot à mot : *... à leurs banquiers...* Le français ne personnalise pas et demeure abstrait : *... à la banque...*

3   Mot à mot : *comme nous avons seulement récemment commencé à l'établir...*

4   Mot à mot : *nous sommes ignorants quant aux conditions locales.* Variante : **We are not familiar with...**

5   Mot à mot : *Nous serions par conséquent obligés si vous écriviez au banquier du client pour...*

6   Le français *savoir* exprime le résultat ; l'anglais **determine** décrit l'étape précédente ; il faut *déterminer, examiner* avant de *savoir.* Notez ces démarches différentes dont il faut tenir compte pour passer d'une langue à l'autre.

7   L'actif *jouit* rend le passif **is considered** : démarche identique dans la note 6.

8   Mot à mot : *si nous sommes justifiés en leur laissant avoir...*

9   Le français *plafonné* rend à la fois **to the extent** : *jusqu'à concurrence de,* et **at any one time** : *à n'importe quelle période. Plafond :* **ceiling.**

10 Notez la formule U.S.

11 La dénomination, raison sociale, permet de penser qu'il s'agit d'une société de personnes (absence de **limited**) ; notez l'emploi en anglais du pluriel **have.**

12 Mot à mot : *ont offert d'effectuer quelque travail pour nous en vous citant en référence.*

13 Emploi de la forme en **–ing** après les locutions prépositionnelles : **prior to...** L'idée d'*enregistrer un contrat ferme* est rendue par la tournure *nous engager définitivement vis-à-vis d'eux.*

14 Mot à mot : *et savoir s'ils se maintiennent dans les limites de leur devis.*

15 Mot à mot : *et respectent les dates limites.*

16 Notez l'emploi du verbe **to treat** dans le sens de *traiter, considérer* rendu par le français *demeurer...*

17 Notez la formule U.S. (**Yours sincerely,** en anglais britannique).

1   This is a new market area for us and we do not know...

2   We recently received an order from Smith and Sons Ltd., with whom we have not previously had dealings.

3   For references as to their financial standing they refer us to any of the main confirming houses in your country.

4   Make enquiries as to the standing of the company.

5   We should be much obliged if you could enquire as to...

6   Would we be justified in giving them credit up to... ?
(extending them credit facilities up to the value of... ?)

7   We are therefore enquiring whether you would consider the firm to be of good standing.

8   This is the first time this company has placed an order of this size in France.

9   We wonder whether you would be so kind as to confirm that their work was up to standard.

10   You may be assured that your reply will be treated in strictest confidence.

11   We would of course be pleased to perform a similar service should the occasion arise.

12   Would you consider that we can deal with this concern without risk ?

---

1   *Ce marché est nouveau pour nous et nous ne savons pas...*

2   *Nous avons récemment reçu une commande de la Société Smith and Sons, avec qui nous n'avions pas traité jusqu'à ce jour.*

3   *Pour obtenir des renseignements sur leur situation financière, ils nous conseillent de nous adresser à l'une quelconque des « confirming houses » de votre pays.*

4   *Faites une enquête sur la situation de la société.*

5   *Nous vous serions reconnaissants d'obtenir des renseignements sur...*

6   *Sommes-nous fondés à leur faire crédit jusqu'à concurrence de... ?*

7   *Nous aimerions par conséquent savoir si vous considérez que l'entreprise est saine.*

8   *C'est la première fois que l'entreprise passe un marché de cette importance en France.*

9   *Seriez-vous assez aimable pour nous confirmer la qualité de leur travail (services) ?*

10   *Votre réponse restera bien entendu confidentielle.*

11   *Nous sommes tout naturellement prêts à vous rendre le même service à l'occasion.*

12   *Pensez-vous que nous puissions traiter avec eux sans risques ?*

Messieurs,

La société ... nous a contacté en vue d'une commande importante de matériel agricole. Elle vous a cités en référence et nous vous saurions donc gré de bien vouloir nous fournir le plus rapidement possible des renseignements sur la situation financière de cette entreprise.

Monsieur,

Les Établissements Schmoll et Frères se sont adressés à nous pour l'achat d'un important stock de literie et, bien que ce soit leur première commande, ils nous demandent de leur accorder un crédit à trois mois.

Ils nous ont indiqué votre nom et nous nous permettons de vous écrire afin de savoir si le crédit demandé peut être accordé sans risque.

Messieurs,

Nous envisageons l'installation d'un circuit intégré de télévision dans nos locaux, et nous avons pris des contacts avec l'entreprise...

Cette dernière nous déclare avoir procédé à l'installation d'un tel circuit dans votre usine de Nantes, et nous vous serions très reconnaissants de nous faire savoir si leurs réalisations ont répondu à votre attente.

Dear Sirs,

We have received a large order[1] for agricultural
equipment from X Ltd, who have[2] given us your name
as a reference.

We would therefore[3] be grateful if you could let us
have information as to[4] the financial standing of
this company as soon as possible.

Dear Sir,

We have been contacted by Messrs. Schmoll Bros.[5]
who wish to place a large order for bed linen.

Even though this would be their first order from
us[6], this firm has asked us for[7] 90 days credit.
Schmoll Bros. have given us your name as a financial
referee[8] and we are writing to you to enquire
whether we would be justified in extending to them
the credit facilities they request[9].

Dear Sirs,

We plan to install closed-circuit TV on our
premises and have contacted X.

This firm informs us they carried out[10] the
installation of a similar system in your Nantes
factory.

We would[11] be very grateful if you could let us know
whether the quality of their work was up to your
expectations[12].

1. Notez la traduction d'*important* par **large.** Ce sera le cas chaque fois qu'il s'agit d'une notion d'argent ou de volume. **A large sum :** *une somme importante,* **a large quantity :** *une quantité importante.*

2. La société est ici reprise par **who** et considérée comme pluriel : **have.** Remarquez qu'une organisation, groupe, etc. ne peut être que neutre singulier ou pluriel (jamais masculin ou féminin) : *sa politique* (de la société) : **its** (ou **their**) **policy.**

3. Mot à mot : *par conséquent.*

4. **As to :** *quant à.*

5. **Bros.** est l'abréviation de **Brothers,** *Frères.*
   Notez la traduction de *les Établissements* par **Messrs.** Remarquez aussi l'emploi du passif : **we have been contacted.**

6. La phrase française de départ étant relativement longue, on a préféré en tirer deux phrases en anglais.

7. *Demander quelque chose à quelqu'un,* **to ask somebody for something.**

8. **Referee :** selon les cas *arbitre, répondant, avaliste.*

9. Mot à mot : *si nous serions fondés à leur accorder les facilités de crédit qu'ils demandent.*

10. **To carry out :** *effectuer, réaliser, procéder à.*

11. La phrase française a été coupée en deux : l'anglais préfère les phrases courtes, qui ont aussi l'avantage de poser moins de problèmes grammaticaux.

12. Mot à mot : *à la hauteur de vos attentes.*
    Cf. **up to sample :** *conforme à l'échantillon ;* **up to standard :** *conforme à la norme, du niveau requis.*

REDOUBLEMENT DE CONSONNES

On double la consonne finale précédée d'une seule voyelle (lors de l'adjonction d'une terminaison commençant par une voyelle **-ed, -ing**) :

● dans les verbes d'une seule syllabe brève :

to ship, *expédier*	**shipped**
to plan, *projeter*	**planning**

to refer : *adresser (quelqu'un à quelqu'un).*

financial standing : *situation financière.*

therefore : *par conséquent.*

on credit : *à crédit.*

to the extent of : *jusqu'à, dans les limites de.*

to carry out : *effectuer, procéder à, réaliser.*

to cite as reference : *citer en référence.*

prior to : *avant, antérieurement à, préalablement à.*

to book a contract : *enregistrer, signer un contrat.*

to keep within : *rester dans les limites de, ne pas dépasser.*

estimate : *devis ; évaluation, estimation.*

to meet a deadline : *honorer un délai.*

after-sales service : *service après-vente.*

to treat as confidential : *considérer comme confidentiel.*

area : *secteur, zone.*

previously : *précédemment.*

dealings : *transactions, relations, rapports, commerce.*

to make enquiries (inquiries) : *se renseigner, faire une enquête.*

to enquire, to inquire : *se renseigner.*

to extend credit facilities : *accorder des facilités de crédit.*

of good standing : *honorable, de bonne réputation, solide, sain.*

settlement : *règlement.*

up to standard : *à la hauteur, du niveau exigé.*

to treat in strict confidence : *considérer comme confidentiel.*

to perform a service : *rendre, effectuer un service.*

should the occasion arise : *à l'occasion, si l'occasion se présente.*

concern : *a) souci ; b) entreprise.*

status : *situation (financière) ; position ; standing.*

referee : *répondant, arbitre ; donneur d'aval.*

to instal : *installer.*

closed-circuit TV : *télévision en circuit fermé.*

premises : *locaux (commerciaux ou administratifs).*

factory : *usine.*

up to expectations : *qui répond aux attentes, qui donne les résultats escomptés.*

A ■ Traduire

1. *Respecter les délais.*
2. *Ces renseignements resteront confidentiels.*
3. *Seriez-vous assez aimable pour... ?*
4. *Nous aimerions savoir si le devis est justifié...*
5. *Nous n'avons jamais traité avec cette société.*
6. *Ils nous demandent de leur fournir des marchandises à crédit.*

B ■ Traduire la lettre

Nous avons reçu une commande importante de l'entreprise X., qui vous cite en référence.

C'est la première fois que nous traitons avec cette entreprise et nous vous serions reconnaissants de nous communiquer des renseignements à son sujet.

Ces renseignements resteront bien entendu confidentiels.

CORRIGÉ

A ■

1. To meet deadlines (a deadline).
2. This information will be treated as confidential.
3. Would you be so kind as to... ?
4. We would like to know whether the estimate is justified.
5. We have never had dealings with this company (we have had no previous dealings with this company).
6. They ask us to let them have goods on credit.

B ■

We have received a large order from the X. Company, who cite you as reference.

We have had no previous dealings with this firm and we would be obliged to you for information about them.

Such information will of course be treated as confidential.

Les abréviations **inst. (instant** : *du mois en cours*), **ult. (ultimo** : *du mois dernier*), **prox. (proximo** : *du mois prochain*) sont de moins en moins utilisées.

VI

REPLIES TO STATUS INQUIRIES

RÉPONSES AUX DEMANDES DE RENSEIGNEMENTS FINANCIERS

Dans leurs réponses,
en général confidentielles et d'une grande prudence,
les banques, agences ou entreprises
qui ont été contactées indiquent
si l'entreprise sur laquelle on se renseigne
a une bonne réputation et
une gestion saine.
Il faut parfois lire entre les lignes pour
interpréter de telles lettres,
dont les rédacteurs se gardent
de tout ce qui pourrait s'apparenter
à de la diffamation.

Favourable reply from bank

Dear Sirs,

We reply to your letter of 3 May as to the financial
standing of Jameson Bros.

We are informed that this is a long-established
local family firm enjoying a solid reputation.
Their accounts have been with the Tupalco Bank for
12 years now and business dealings have always been
conducted satisfactorily. Payments by the firm
have always been made promptly.

We therefore feel able to recommend Jameson Bros.
as good customers.

Yours faithfully,

Branch Manager

Unfavourable reply from bank

In response to your inquiry as to the standing of
the Mixbro Supply Company Ltd. we have gathered the
following information from our sources.

The Mixbro Supply Company Ltd. has recently taken
its accounts to a new bank and modified the name
under which it trades. We have been unable to obtain
reliable information as to the company's
activities since the beginning of the last
financial year.

We gather that the management of the Mixbro Supply
Company Ltd. are aiming for high volume turnover
and small profit margins, they could be considered
to be undercapitalised.

We regret that we have been unable to find more
detailed information and would advise you to act
with caution.

This is, of course, in strict confidence.

Yours faithfully,

Réponse favorable d'une banque

Messieurs,

Par votre lettre du 3 mai[1], vous nous demandez des renseignements sur la situation de la maison Jameson Bros.[2]

Il s'agit[3] d'une entreprise familiale établie depuis longtemps dans la région[4] où elle jouit d'une excellente réputation. Ses[5] comptes sont gérés par la Banque Tupalco depuis 12 ans[6] et ses transactions ont toujours été opérées de façon satisfaisante. Les règlements de cette entreprise ont toujours été effectués avec ponctualité.

Il nous apparaît donc[7] que les établissements Jameson Bros. peuvent être considérés comme de bons clients.

Nous vous prions d'agréer, Messieurs, l'expression de nos sentiments distingués.

Le directeur de l'agence

Réponse défavorable d'une banque

En réponse à votre demande de renseignements sur[8] la société[9] Mixbro Supply Company, voici les éléments que nous avons pu recueillir et que nous vous communiquons confidentiellement[10].

La Mixbro Supply Company vient de confier la gestion de ses comptes à une nouvelle banque et a modifié sa raison sociale[11]. Il nous a été impossible d'obtenir des renseignements précis[12] sur les activités de cette société depuis le début du dernier exercice financier[13].

Nous avons le sentiment[14] que la direction[15] de la Mixbro Supply Company recherche un chiffre d'affaires élevé avec des marges bénéficiaires réduites[16] ; on pourrait estimer que ses capitaux sont insuffisants[17].

Nous sommes au regret de ne pouvoir vous fournir des renseignements plus détaillés et vous engageons à la prudence.

Nous vous prions d'agréer, Messieurs, l'expression de nos sentiments distingués.

1   Mot à mot : *Nous répondons à votre lettre du 3 mai concernant la situation financière de...*

2   L'absence de **Limited** dans la raison sociale indique qu'il s'agit d'une société de personnes, d'où : *la maison...* **Bros. = Brothers.**

3   Mot à mot : *Nous sommes informés de ce que...*

4   Notez **local :** *dans la région...*

5   Les termes **company, firm,** etc., peuvent être considérés comme des pluriels, d'où **their**... Attention au passage au français où l'accord doit être respecté.

6   Notez le « present perfect » **have been :** action ou état commencé dans le passé et continuant dans le présent.

7   Mot à mot : *Nous pensons être en mesure de recommander...*

8   En anglais britannique, **response** signifie *réaction*. Mais sous l'influence américaine, l'usage international admet **in response** au sens de **in reply.**

9   La raison sociale où est mentionnée le terme **Limited (Ltd.),** indique qu'il s'agit d'une société à responsabilité limitée par actions.

10 Mot à mot : *Nous avons rassemblé les renseignements suivants de nos sources.*

11 L'anglais dit : *a modifié le nom sous lequel elle commerce.*

12 **Reliable :** *fiable, en qui ou en quoi on peut avoir confiance.*

13 Cf. **trading year :** *exercice commercial ;* **fiscal year :** *exercice fiscal.*

14 **To gather :** a) *rassembler, se rassembler ;* b) *conclure, comprendre, penser.*

15 **Management :** *direction,* collectif, est ici employé comme un pluriel. Le singulier (**is**) serait également possible.

16 Notez l'absence presque totale du point-virgule en anglais.

17 Mot à mot : *Ils pourraient être considérés être sous-capitalisés.*

1 We would have some reservation in recommending...

2 We would not therefore recommend X without certain reservations...

3 This company is not listed in the Trade Register...

4 The company has always settled bills promptly.

5 We have no reservation in recommending...

6 They have the reputation of being a company of the highest integrity.

7 They are respected throughout the trade.

8 Under no circumstances could we...

9 Our limited experience would not warrant our giving an evaluation...

10 They are reputed to be sound...

11 We think a credit of FF 12,000 a fair risk.

12 Credit should be restricted to FF 20,000 in any one month.

13 Accounts have lately become overdue.

14 We would rather not express an opinion on...

15 We strongly advise you against granting...

16 We hope this information will be of assistance to you...

---

1 *Ce n'est qu'avec une certaine hésitation que nous recommande-rions...*

2 *Nous ne pouvons donc recommander X sans certaines réserves...*

3 *Cette société ne figure pas au Registre du commerce...*

4 *Cette société a toujours réglé ses factures avec ponctualité.*

5 *Nous n'hésitons pas à recommander...*

6 *Cette société est réputée pour son intégrité.*

7 *Ils ont une excellente réputation dans la profession.*

8 *En aucun cas, nous ne...*

9 *Nos contacts limités ne nous permettent pas d'émettre un jugement...*

10 *Leur réputation est très bonne...*

11 *Nous pensons qu'un crédit de FF 12 000 peut être accordé.*

12 *Le crédit devrait être limité à FF 20 000 pour un mois donné.*

13 *Ces temps derniers, les règlements ont été opérés avec un certain retard.*

14 *Nous préférons ne pas émettre d'opinion sur...*

15 *Nous vous encourageons vivement à ne pas accorder...*

16 *Nous espérons que ces renseignements vous seront utiles...*

Monsieur,

C'est certainement par erreur que votre nom nous a été communiqué par l'entreprise Mirton and Fields avec laquelle nous n'avons jamais traité.

Nous sommes donc au regret de ne pouvoir vous être d'aucune aide en la circonstance.

Messieurs,

Nous avons bien reçu votre lettre du 28 mai.

La société Gradoux, installée dans la région depuis 1960, jouit d'une très bonne réputation sur la place. Nous gérons son compte depuis ces cinq dernières années, et avons pu constater sa très grande ponctualité pour tous règlements. Il nous semble donc que votre client peut envisager sans risques de collaborer avec elle sur les bases que vous nous avez indiquées.

Messieurs,

En réponse à votre lettre du 20 mai, il nous est impossible de vous communiquer un relevé des comptes des Établissements Barton and Có. Ltd. Nous pouvons cependant souligner la bonne gestion et la santé financière de cette entreprise. Des crédits comparables à celui qui vous est demandé leur ont déjà été accordés à plusieurs reprises.

Dear Sir,

Mirton and Fields[1]

We regret that we are unable to supply the
information you requested concerning the above
firm as we have never had dealings with them[2].

Dear Sirs,

We acknowledge receipt of your letter of 28th May.

Gradoux Ltd.[3] enjoy a solid reputation and have been
established in the area since 1960[4].

Their account has been with our bank for 5 years[5] and
their bills have always been settled on time[6].

We think that your client would be justified in
working with them on the basis[7] they propose.

Dear Sirs,

In response[8] to your letter of 20th May, we regret
that we are unable to let you have the statement of
account of Barton and Co. Ltd.

We are, however, able to testify to[9] the sound[10]
management and finances of this company.

The amount of credit you envisage extending[11] to
them has already been granted on a number of
previous[12] occasions.

1 On fait ainsi apparaître, en le soulignant, l'objet de la correspondance. L'usage américain place cette référence au-dessus de la salutation.

2 L'on s'est nettement écarté du français qui ne « passe » pas tel quel en anglais. Mot à mot : *nous sommes au regret d'être incapables de vous fournir les renseignements que vous nous avez demandés au sujet de l'entreprise ci-dessus, comme nous n'avons jamais eu de relations avec elle.*

3 **Ltd.** indique qu'il s'agit d'une société à responsabilité limitée (**joint stock company :** *société par actions*).

4 Notez l'emploi du « present perfect » et de **since,** car *depuis* indique ici un point de départ.

5 « Present perfect » avec **for,** car *depuis* indique ici une durée ; autre traduction pour *depuis ces cinq dernières années :* **for the last (past) five years.**

6 Mot à mot : *leurs factures ont toujours été réglées à temps.*

7 **Basis** est un singulier. Le pluriel serait **bases.**

8 **In response,** à l'origine un américanisme, remplace parfois **in reply** même en anglais britannique. Cependant le sens principal de **response** reste : *réaction.*

9 Mot à mot : *témoigner de.*

10 **Sound :** *sain, solide, robuste ;* porte ici à la fois sur **management** et sur **finances.** Le substantif correspondant est **soundness :** *solidité, santé, solvabilité.*

11 **To envisage** gouverne la forme en **–ing** lorsqu'il est suivi d'un verbe.

12 Mot à mot : *lors d'un certain nombre d'occasions précédentes.*

REDOUBLEMENT DE CONSONNES (suite)

● dans les verbes de plus d'une syllabe si la dernière porte l'accent tonique

to admit, *admettre*	**admitted**
to begin, *commencer*	**beginning**
to transfer, *transférer*	**transferred**

Mais **to debit,** *débiter*   **debited,**
car l'accent tonique tombe sur la première syllabe.

to enquire : *se renseigner, s'in-former.*

financial standing : *situation financière.*

long-established : *établi(e) depuis longtemps.*

account : *compte.*

dealings : *transactions.*

promptly : *rapidement.*

inquiry : *demande de rensei-gnement(s).*

to trade : *commercer, faire des affaires, entretenir des rela-tions commerciales (with someone, avec quelqu'un).*

reliable : *digne de confiance, à qui on peut se fier.*

financial year : *exercice finan-cier.*

turnover : *chiffre d'affaires.*

profit margin : *marge bénéfi-ciaire.*

to advise : *conseiller.*

caution : *prudence.*

in strict confidence : *confiden-tiellement.*

reservation : *réserve, réti-cence.*

Trade Register : *Registre du commerce.*

to settle bills : *régler des fac-tures.*

to warrant : *1) justifier, 2) ga-rantir.*

sound : *sain.*

a fair risk : *un risque qui peut être pris.*

in any one month : *pour un mois quelconque, au cours d'un mois donné.*

overdue : *en retard (règle-ment), en souffrance (compte).*

to have dealings with : *traiter avec, être en rapport avec.*

to acknowledge receipt : *ac-cuser réception.*

statement of account : *relevé de compte.*

to testify to something : *témoi-gner de quelque chose.*

previous : *précédent.*

VOCABULAIRE
COMPLÉMENTAIRE

financial status : *situation fi-nancière.*

solvency : *solvabilité.*

solvent : *solvable.*

credit worthiness : *solvabilité.*

credit rating : *solvabilité.*

terms of credit : *conditions de crédit.*

creditor : *créancier.*

debtor : *débiteur.*

credit balance : *solde bénéfi-ciaire.*

to be in the red : *être en déficit, être à découvert.*

A ■ Traduire

1. *chiffre d'affaires* ; 2. *exercice financier* ; 3. *prudence* ; 4. *solvabilité* ; 5. *gestion saine* ; 6. *fiable, digne de confiance* ; 7. *créancier* ; 8. *en retard (versement)* ; 9. *marge bénéficiaire* ; 10. *jouir d'une excellente réputation.*

B ■ Traduire la lettre

La société XYZ est implantée dans la région depuis 1965 et jouit d'une excellente réputation.

Nous traitons avec elle depuis quatorze ans, au cours desquels les transactions ont toujours été opérées de façon satisfaisante, et les règlements effectués avec ponctualité.

Nous pensons pouvoir témoigner de la qualité de sa gestion et de la santé de ses finances.

CORRIGÉ

A ■

1. turnover ; 2. financial year ; 3. caution ; 4. solvency ; 5. sound management ; 6. reliable ; 7. creditor ; 8. overdue ; 9. profit margin ; 10. to enjoy an excellent reputation.

B ■

The XYZ company have been established in the area since 1965 and enjoy an excellent reputation.

We have had dealings with them (been doing business with them) for 14 years, during which transactions have always been conducted satisfactorily and payments made promptly.

We think we can testify to the quality of their management and soundness of their finances.

REDOUBLEMENT DE CONSONNES (suite)

En anglais britannique, lorsque le verbe est terminé par **–el, –al, –il, –ol,** après consonne, on redouble le **l** final aux formes en **–ed, –ing,** quelle que soit la place de l'accent tonique :
to cancel, *annuler* **cancelled** (1ʳᵉ syllabe)
to compel, *obliger* **compelled** (2ᵉ syllabe)

VII

PACKING
AND
TRANSPORT

EMBALLAGE
ET
TRANSPORT

Le client précise la nature de l'emballage,
les conditions de transport
et le lieu de livraison.
Le fournisseur fait état de ses conditions
habituelles dans ces domaines,
propose des solutions et cherche à s'adapter
aux cas particuliers.

Customer to supplier

Dear Sir,

With regard to our order No. 3859 P dated 16th March
198.. we would like to emphasize that the 15 cases
of cutting fluid in 2 litre drums should be
delivered to our Angers branch.

On the other hand the larger order for bearings
should be palletized to permit easier handling, and
despatched to our Paris depot.

In view of our open air storage we require heat
shrunk plastic film protection of the consignment
of bearings.

Yours faithfully,

Supplier to customer

Dear Sirs,

Further to your inquiry of 29th March concerning
packing and transport of overseas orders we are
happy to supply the following information :

Consignments of our products are usually supplied
in unitised loads of 100 on cardboard pallets with
crush-proof boards as protection against rough
handlings.

Orders for overseas delivery are usually
despatched by container-ship, each shipment being
transferred to the local rail freight system on
arrival at the port of entry.

Please advise us whether the above arrangements
would suit your requirements. We are always happy
to modify details according to your needs.

Yours faithfully,

Client à fournisseur

Monsieur,

*Comme suite[1] à notre commande n° 3859 P du 16 mars 198 . . ,
nous vous précisons[2] que les 15 caisses d'huile de coupe
présentée dans des bidons[3] de 2 litres doivent être[4] livrées à
notre succursale d'Angers.*

*D'autre part, la commande[5] de roulements à billes doit être
disposée sur palettes[6], afin d'en faciliter la manutention, et
expédiée à notre dépôt parisien.*

*Comme nous les stockons à l'air libre, les roulements à billes
devront être protégés par une pellicule plastique
thermoformée[7].*

*Veuillez agréer, Monsieur, l'expression de nos sentiments
distingués.*

Fournisseur à client

Messieurs,

*En réponse à votre demande du 29 mars au sujet de
l'emballage et du transport des commandes vers l'étranger[8],
nous avons le plaisir de vous communiquer les
renseignements suivants :*

*nos produits sont généralement livrés[9] par unités de 100[10],
disposées sur des palettes en carton avec cadres[11] de
protection contre les chocs[12] ;*

*les commandes destinées à l'étranger sont généralement
expédiées par navires porte-conteneurs ; chaque envoi est
transbordé sur le réseau rail-marchandises au port de
débarquement[13].*

*Veuillez nous faire savoir si ces dispositions vous
conviennent[14]. Nous sommes toujours prêts à modifier certains
détails selon les besoins de nos clients[15].*

*Nous vous prions d'agréer, Messieurs, l'expression de nos
sentiments dévoués.*

1 Mot à mot : *en ce qui concerne, relativement à...*

2 Mot à mot : *nous aimerions vous souligner que...*

3 **Drum :** *tonneau, bidon.*

4 Mot à mot : *devraient être.* Le présent de l'indicatif est plus impératif en français.

5 **The larger order ;** mot à mot : *la commande plus importante,* ce qui serait gauche en français, et pourrait rendre ambigu le sens d'*important.* Notez que lorsque *important* indique simplement la quantité, l'équivalent anglais est **large ;** *commande importante :* **large order ;** *somme importante :* **large sum.**

6 Notez la formation du verbe **to palletize** à partir du substantif **pallet.**

7 Mot à mot : *En raison de notre stockage à l'air libre, nous exigeons la protection d'une pellicule (ayant) rétréci sous l'action de la chaleur pour l'expédition des roulements...* Notez les verbes qui, en français, rendent les substantifs **storage** et **protection ;** le verbe **require** devient *devront.*

8 Mot à mot : *outre-mer.*

9 L'anglais sous-entend le résultat ; mot à mot : *fournir,* d'où : *livrer.*

10 Mot à mot : *par charges de 100 unités.*

11 **board :** *planche ;* **crush-proof :** *à l'épreuve des chocs, de l'écrasement.*

12 Mot à mot : *contre la manutention brutale.*

13 Mot à mot : *entrée.*

14 Notez la concision du français ; mot à mot : *Veuillez nous faire savoir si les dispositions ci-dessus conviennent à vos besoins.*

15 Formule générale en français ; mot à mot : *Nous sommes toujours heureux de modifier les détails selon vos besoins.*

REDOUBLEMENT DE CONSONNES (suite)

En américain, la règle de l'accentuation est toujours respectée : on ne redouble la consonne finale qu'en syllabe accentuée :

to compel	**compelled**	(2ᵉ syllabe)
mais **to travel**	**traveled**	
to cancel	**canceled**	(1ʳᵉ syllabe)

1   We shall have the goods shipped as soon as possible.

2   Packed in special cases so as to avoid damage in transit.

3   A firm delivery date cannot be given until we obtain an import licence.

4   We usually airfreight orders weighing less than 50 Lbs. crated.

5   Warehousing is not included in the standard charges.

6   Every shipment is sent off within 10 days of receipt of the order.

7   All crates are colour coded.

8   Owing to frequent dock strikes we prefer to despatch by lorry or rail.

9   The consignment could be shipped on the SS Blue Star, due to sail on the 5th of this month.

10   Our representative will forward the B/L to you.

11   Pallets will be charged at cost.

12   Delivery time is 2 months by ship or 3 weeks airfreighted.

13   We normally despatch goods carriage forward.

---

1   *Nous procéderons à l'expédition des marchandises dès que possible.*

2   *Emballées dans des caisses spéciales pour éviter tout risque de dommage en cours de transport.*

3   *Nous ne pouvons préciser la date de livraison avant d'avoir obtenu la licence d'importation.*

4   *Nous expédions généralement par avion les commandes dont le poids ne dépasse pas 50 livres, emballages compris.*

5   *L'entreposage n'est pas compris dans nos tarifs de base.*

6   *Tous nos envois sont expédiés 10 jours après la réception de la commande.*

7   *Toutes nos caisses (à claire-voie) sont repérées par un code couleur.*

8   *En raison des grèves fréquentes qui affectent les docks, nous préférons expédier les marchandises par route ou par voie ferrée.*

9   *L'envoi pourrait vous être expédié à bord du vapeur Blue Star, en partance le 5 de ce mois.*

10   *Notre représentant vous fera parvenir le connaissement.*

11   *Les palettes vous seront facturées au prix coûtant.*

12   *Les délais de livraison sont de 2 mois par bateau et 3 semaines par avion.*

13   *Nous expédions habituellement les marchandises en port dû.*

Messieurs,

Comme suite à votre lettre du 4 mars, voici les précisions concernant l'expédition de notre commande n° 7802 :

livraison en gare de Saint-Omer, articles emballés sous plastique, par unités de 20, le transport jusqu'à notre entrepôt restant à notre charge.

Madame,

Nous avons bien reçu votre commande du 5 juin 198 . .

Les marchandises vous seront expédiées, selon vos instructions, par camion frigorifique et livrées à votre entrepôt de Leeds. Un double de la lettre de voiture vous sera adressé d'ici huit jours. Les emballages spéciaux antichocs vous seront facturés sur la base de 5 francs par unité.

Messieurs,

Comme vous nous l'avez demandé par votre lettre du 20 juillet, nous vous expédions les 200 caisses par voie ferrée jusqu'à Boulogne, où notre agent veillera personnellement à leur chargement sur le ferry Boulogne-Folkestone.

Nous vous rappelons que ces nouvelles caisses ne doivent en aucun cas être stockées dans un endroit non aéré ou à proximité d'une source de chaleur.

Veuillez avoir l'obligeance de nous adresser un télex dès réception de la marchandise.

Dear Sirs,

Following your letter of 4th March we are now able to give you further details[1] concerning the despatch[2] of our order No. 7802.

Delivery should be to Saint-Omer railway station, and the goods should be plastic wrapped in 20's[3]. Transport to our warehouse will remain our responsibility[4].

Dear Mrs. X[5],

We are pleased to confirm your order[6] of 5th June 198..

The goods will be forwarded according to your instructions, delivery[7] by refrigerated lorry to your Leeds warehouse.

A copy of the waybill[8] will be sent to you within a week.

The special shock-proof packing will be charged[9] at FF 5 per package.

Dear Sirs,

As you requested in[10] your letter of 20th July, we are sending the 200 boxes[11] by rail to Boulogne where our agent will personally supervise loading on board the Boulogne-Folkestone ferry.

We would remind you[12] that these new boxes must not under any circumstances be stored in an enclosed space[13] or near a heat source.

Please confirm receipt of goods immediately by telex.

1   Mot à mot : *nous sommes maintenant capables de vous donner de plus amples détails.*

2   Peut également s'écrire **dispatch.** A la différence de **consignment** ou **shipment,** désigne le *fait d'expédier*, et non pas le contenu de l'expédition.

3   **In twenties. To wrap :** *envelopper.*

4   Attention à l'orthographe de ce mot : la troisième syllabe est **si** et non **sa** comme les Français ont tendance à l'écrire. De même l'adjectif **responsible.**

5   **Dear Madam** est devenu rare. On préfère nommer la personne chaque fois que c'est possible.

6   Mot à mot : *nous sommes heureux de confirmer votre commande.*

7   Ou : **and delivered.**

8   La *lettre de voiture* joue le même rôle pour le transport par route ou rail que le *connaissement* (**bill of lading, B/L**) pour le transport maritime. Précise la nature du chargement, le nom de l'expéditeur et du destinataire ; constitue à la fois un contrat de transport et un titre de propriété permettant d'emprunter sur la valeur des marchandises.

9   Ou : **will be charged to you. To charge :** *faire payer.*

10   Ou : **as requested by...** Notez l'emploi du prétérit : l'action est passée et datée (20 juillet).

11   Le mot *caisse* correspond à toute une variété de mots anglais : **box** (en général *en bois, en carton*), **crate** (*caisse à claire-voie*), **case** (*métallique*), **chest** (*coffre*).

12   **To remind somebody of something :** *rappeler quelque chose à quelqu'un.* **To remind somebody that...** *rappeler à quelqu'un que...* Ne pas confondre avec **to remember :** *se rappeler, se souvenir.*

13   Mot à mot : *dans un endroit (espace) fermé (entouré).*

with regard to : *en ce qui concerne, pour ce qui est de, suite à.*

to emphasize : *souligner, insister sur.*

drum : *fût (métallique), bidon.*

to palletise : *palettiser, charger, transporter sur palette.*

handling : a) *manutention ;* b) *maniement.*

storage : *stockage.*

to shrink : a) *rétrécir ;* b) *faire rétrécir.*

consignment : *expédition, envoi.*

packing : *emballage.*

overseas : *à l'étranger.*

cardboard : *carton.*

crush-proof : *qui résiste à l'écrasement ; qui protège de l'écrasement.*

to despatch, to dispatch : *expédier, envoyer.*

container ship : *navire porte-conteneurs.*

shipment : *expédition, envoi ; chargement.*

freight : *fret, marchandises.*

to ship : *expédier* (y compris par rail et route).

to pack : *emballer.*

to wrap : *envelopper, emballer.*

crate : *caisse à claire-voie.*

import licence (U.S. : **license**) : *licence d'importation.*

airfreight : *frêt aérien.*

to weigh : *peser.*

standard charges : *tarif courant, habituel.*

lorry : (G.B.) *camion.*

to sail : *(navire) partir ; naviguer.*

Bill of Lading (B/L) : *connaissement.*

at cost : *au prix coûtant.*

to airfreight : *expédier par avion.*

carriage forward : *(en) port dû.*

way-bill (waybill) : *lettre de voiture.*

shock-proof : *à l'épreuve des chocs, résistant aux chocs.*

to charge : *faire payer ; facturer.*

to remind : *rappeler (quelque chose à quelqu'un).*

to store : *stocker.*

VOCABULAIRE COMPLÉMENTAIRE

G.B.	U.S.	
goods train	**freight train**	*train de marchandises*
lorry	**truck**	*camion*
railways	**railroads**	*chemins de fer*

A ■ **Traduire**

1. drum ; 2. consignment ; 3. handling ; 4. to ship ; 5. crate ;
6. carriage forward ; 7. refrigerated lorry ; 8. waybill ; 9. loading ; 10 to advise.

B ■ **Traduire**

1. *L'expédition doit être faite sur palettes pour permettre la manutention dans notre entrepôt.*

2. *Les marchandises seront envoyées par conteneurs.*

3. *Si nous fournissons des caisses spéciales, elles seront facturées au prix coûtant.*

4. *Nous expédions en général les marchandises en port dû.*

5. *Les fûts seront livrés par camion.*

CORRIGÉ

A ■

1. fût, bidon ; 2. expédition, envoi, livraison ; 3. manutention ;
4. expédier ; 5. caisse à claire-voie, cageot ; 6. en port dû ;
7. camion frigorifique ; 8. lettre de voiture ; 9. chargement ;
10. a) conseiller, b) faire savoir.

B ■

1. The shipment (consignment) must be palletised to permit handling at our warehouse (depot).
2. The goods will be sent by (in) containers.
3. If we supply special cases, these will be charged at cost.
4. We normally (usually) despatch goods carriage forward.
5. The drums will be delivered by lorry (by truck).

VIII

CANCELLATIONS AND ALTERATIONS

ANNULATIONS OU MODIFICATIONS DE COMMANDES

Pour des raisons diverses
– délais de livraison,
changements dans la réglementation,
rupture de stock,
abandon d'un modèle
ou apparition d'un nouveau produit, etc. –
le client ou le fournisseur
peuvent être amenés à annuler une commande,
ou à la faire modifier.

Dear Sirs,

Thank you for your indent No. 12 for 15 tons of our new all-purpose fertilizer. Unfortunately this new product has been so popular that we are completely out of stock and cannot guarantee delivery for the new growing season.

As your order was marked Very Urgent we have taken the liberty of despatching 2 tons of our phosphate enriched fertilizer forthwith as this is the nearest substitute we have in stock.

If this is acceptable, we will be happy to supply the balance of the order in the same fertilizer.

We trust this will meet your requirements.

Yours faithfully,

Dear Sir,

Order No. 205PT. Lightweight woolen cloth

We were pleased to receive confirmation of the above order.

However, your accompanying letter mentions the possibility of a delay of several months in delivery of item No. 4 —50 yds of $12\frac{1}{2}$/13 ounce gaberdine.

This would mean that the above lightweight cloth could not be made up in time for the Summer market.

Please replace this item with 50 yds 11 ounce grey terylene as per your feeler OT/4.

If this is not possible we would accept delivery of 50 yds 16/17 ounce worsted as per your feeler OT/7, not later than September.

We would be grateful for an early confirmation of this modification.

Messieurs,

*Nous avons bien reçu votre commande[1] n° 12 concernant
15 tonnes du nouvel engrais polyvalent. Le succès de notre
nouveau produit a été si grand[2] que nous n'en disposons plus
en stock[3] et que nous ne pouvons vous en garantir la livraison
pour la prochaine saison[4].*

*Comme votre ordre portait la mention Très urgent, nous nous
sommes permis de vous adresser[5] deux tonnes de notre
engrais enrichi en phosphates, qui est le plus proche
équivalent dont nous disposons actuellement.*

*Si cela vous convient, nous sommes prêts à compléter votre
commande[6] avec le même engrais.*

*Espérant que cet arrangement vous conviendra, nous vous
prions...*

*Objet :
Commande n° 205PT. Tissu de laine léger[7].*

Monsieur,

*Nous avons bien reçu[8] confirmation de l'enregistrement de
notre commande mentionnée ci-dessus[9].*

*Cependant votre lettre[10] nous signale un retard éventuel de
livraison de plusieurs mois[11] en ce qui concerne l'article n° 4
− 50 yards de gabardine $12\frac{1}{2}$/13 onces[12].*

*Ce retard nous mettrait dans l'impossibilité[13] de découper et
d'assembler[14] ce tissu léger pour le début[15] de la saison d'été.*

*Nous vous prions de remplacer[16] cet article par 50 yards de
tergal gris 11 onces, selon[17] votre échantillon[18] OT/4.*

*Si cela n'est pas possible, nous sommes prêts à recevoir[19], au
plus tard en septembre, 50 yards de peigné 16/17 onces,
selon votre échantillon OT/7.*

*Nous vous serions obligés de nous confirmer le plus
rapidement possible votre accord à cette modification de
commande.*

1 Mot à mot : *Merci pour votre commande ;* **indent** = *commande en provenance de l'étranger.*

2 Mot à mot : *malheureusement ce* (**this** = notre) *nouveau produit a été si populaire que...*

3 **To be out of :** *manquer de... ;* **to be out of stock :** *être en rupture de stock.*

4 Mot à mot : *saison de culture.* Notez la répétition − à éviter en français, mais pas gênante en anglais − de l'adjectif **new : new fertilizer, new product, new growing season.**

5 Mot à mot : *de vous adresser sur-le-champ* (**forthwith**).

6 Mot à mot : *nous serons heureux de fournir le solde de la commande.*

7 **Lightweight,** mot à mot : *poids léger.*

8 Mot à mot : *Nous avons été heureux de recevoir.*

9 Variante : *de votre bon de commande,* etc.

10 Mot à mot : *qui l'accompagne.*

11 On aurait pu avoir aussi, avec un cas possessif de temps : **the possibility of several months' delay in the delivery of...**

12 Notez le singulier **ounce.**

13 Mot à mot : *Ceci signifierait que le tissu léger mentionné ci-dessus ne pourrait être...*

14 **To make up,** dans ce contexte : *découper et assembler ;* sens général : *établir.*

15 Le mot *début* semble nécessaire à la clarté de la phrase en français.

16 Mot à mot : *Remplacez s'il vous plaît...*

17 **As per :** *selon, en conformité avec ;* notez la tendance, en anglais, à réduire le nombre de signes de ponctuation.

18 **Feeler :** *antenne, ballon d'essai,* peut occasionnellement, comme ici, prendre le sens d'*échantillon.* Dans les traductions en partant du français, s'en tenir à **sample** ou **pattern** pour des tissus.

19 Mot à mot : *nous accepterions la livraison de...*

1 We are unable to match the quality of your sample.
2 As... is no longer manufactured, we are sending you...
3 Following difficulties in obtaining raw materials...
4 Please telex us immediately if this modification is acceptable.
5 Our prices apply only for multiples of ten, we have therefore dispatched 100 boxes instead of 8 dozens.
6 Please send us 25 carboys of your nearest substitute pending availability of...
7 We omitted to specify...
8 The nearest we have in stock...
9 We must ask you to cancel the first part of our order.
10 Please delete the items in glass from the order.
11 Since you cannot supply ex-stock we are obliged to cancel our order.
12 We would be obliged if you would delay delivery until late September.

---

1 *Nous ne disposons pas de produits ayant les caractéristiques de votre échantillon.*
2 *Comme nous ne fabriquons plus..., nous vous expédions...*
3 *En raison des difficultés rencontrées pour nous procurer des matières premières...*
4 *Nous vous prions de nous adresser immédiatement un télex si cette modification vous agrée.*
5 *Nos prix ne sont valables que pour des multiples de 10 et par conséquent nous vous avons envoyé 100 boîtes au lieu de 8 douzaines.*
6 *Nous vous prions de nous faire parvenir 25 ballons de votre produit le plus approchant, en attendant que... soit disponible.*
7 *Nous avons omis de préciser...*
8 *Ce que nous avons en stock qui s'en rapproche le plus...*
9 *Veuillez annuler la première partie de notre ordre.*
10 *Veuillez retirer de la commande tout ce qui concerne les articles de verre.*
11 *Puisque vous n'avez pas ces articles en stock, nous nous voyons contraints d'annuler la commande.*
12 *Nous vous serions obligés de remettre la livraison à fin septembre.*

Monsieur,

A la suite des changements récents apportés par le gouvernement aux règlements de sécurité concernant les jouets, nous avons le regret d'annuler une partie de notre commande n° 2041/N.

Nous vous serions donc reconnaissants de remplacer les poupées parlantes en néoprène figurant sous le n° 7 de notre commande par 4 douzaines de camions à benne en acier embouti et par 10 voitures de pompiers à télécommande.

Espérant que vous serez toujours en mesure d'exécuter cet ordre pour la fin du mois de décembre, nous vous prions...

Nous sommes au regret de vous signaler qu'une erreur s'est glissée dans notre commande n°.... du...

Au lieu de : 12 carafes 750 cl (25 U de votre catalogue), il convient de lire : 12 carafes 500 cl (26 U de votre catalogue).

Nous avons bien reçu votre commande du...

D'après les références que vous nous donnez, il semble que vous ayez consulté notre ancien catalogue.

Pour éviter toute erreur, nous vous envoyons sous pli séparé notre dernière documentation afin de vous permettre d'établir votre ordre en fonction de nos spécifications actuelles.

Dear Sir,

Owing to[1] our government's recent changes in the
regulations governing the safety of children's
toys we regret to inform you that we must cancel
part of[2] our order 2041/N.

In view of this[3] we would be obliged if you would
substitute[4] 4 dozen[5] Pressed Steel Dumper Trucks
and 10 Radio-controlled Fire-engines for the
neoprene Talking Dolls listed as item 7 on the
order[6].

We hope that you will be able to complete the order
by the end of December.

Yours faithfully.

We regret to inform you that we have discovered an
error[7] in our order of the 21st January.

The order for 12,750cc[8] decanters, catalogue
number 25 U should read[9] : 12,500cc decanters No.
26 U.

We acknowledge receipt of your order of the...

It would seem from the reference number you quote
that you have used our old catalogue[10].

So as avoid further error[11] we are sending you under
separate cover a copy of our new literature, in
order to enable you to make out[12] your order
according to our current specifications.

1 Mot à mot : *en raison de.*

2 Remarquez l'absence d'article. Cf. **part of the sum** : *une partie de la somme* ; **part of the time** : *une partie du temps.*

3 Mot à mot : *en raison de, eu égard à, en considération* de.

4 Notez la différence de construction : *substituer B à A*, au lieu de *remplacer A par B.*

5 Précédé d'un chiffre et suivi de ce qu'il chiffre, **dozen** est adjectif et ne prend pas la marque du pluriel :
4 dozen trucks : *48 camions.*
On aura par contre, avec le nom **dozen** :
dozens of trucks : *des douzaines de camions*, **3 dozen** : *3 douzaines.*
De même : **thousands of people** : *des milliers de gens*, mais **2 thousand people** : *deux mille personnes* ; **hundreds of cars** : *des centaines de voitures*, mais, **2 hundred cars** : *deux cents voitures.*

6 Ou : **in the order.**

7 Mot à mot : *nous avons découvert une erreur.* Attention à la différence entre **error** et **mistake,** ce dernier indiquant *une faute.*

8 En anglais on utilisera plus facilement les centimètres cubes que les centilitres.

9 **To read** signifie ici *se lire.* Cf. **the telegram read...** : *le télégramme disait (se lisait)...*

10 Mot à mot : *il semblerait d'après le numéro de référence que vous mentionnez que vous avez utilisé notre ancien catalogue.*

11 Mot à mot : *pour éviter que l'erreur aille plus loin, ait des suites.*

12 **To make out** : *établir, libeller (un document).*
To make out a cheque : *rédiger, libeller un chèque.*

REDOUBLEMENT DE CONSONNES (suite)

Le suffixe **-ly** permet souvent de transformer un adjectif en adverbe : **rapid + ly = rapidly.**
De même :
seasonal	**seasonally**
exceptional	**exceptionally**

Le redoublement du **l** provient de l'adjonction du suffixe **-ly** à des adjectifs terminés en **-al.**

indent : *commande (reçue de l'étranger).*

to be out of : *manquer de.*

all-purpose : *général, pour tous usages, polyvalent.*

fertilizer : *engrais.*

out of stock : a) *en rupture de stock ;* b) *épuisé.*

forthwith : *immédiatement, sur-le-champ, sans délai.*

substitute : *(produit de) remplacement.*

balance : *solde, reste.*

lightweight : *léger (poids).*

wool(l)en : *de laine, en laine.*

cloth : *tissu(s).*

delay : *retard.*

feeler : *échantillon (de tissu).*

worsted : *en laine peignée.*

as per : *selon, suivant, conformément à.*

to match : a) *égaler ;* b) *assortir.*

to manufacture : *fabriquer, produire.*

raw materials : *matières premières.*

pending : *en attendant.*

availability : *disponibilité.*

ceiling : *plafond.*

to delete : *rayer, effacer, retirer (d'un texte).*

ex-stock : *livrable immédiatement, de stock.*

in the event of : *au cas où.*

to delay : *retarder.*

owing to : *en raison de, à cause de.*

regulation : *règlement, réglementation.*

safety : *sécurité.*

to complete : a) *compléter, achever, terminer, finir ;* b) *accomplir.*

to complete an order : *exécuter une commande.*

decanter : *carafe.*

to read : a) *lire ;* b) *se lire, dire (texte), s'interpréter.*

to acknowledge receipt : *accuser réception.*

under separate cover : *sous pli séparé.*

to make out an order : *libeller une commande.*

● Remarque : En anglais américain on trouve souvent **transportation** au lieu de **transport.**

A ■ Traduire

1. annuler
2. être en rupture de stock
3. préciser
4. retard
5. sous pli séparé
6. règlements de sécurité
7. selon votre commande
8. se procurer des matières premières
9. l'article ci-dessus
10. fabriquer.

B ■ Traduire la lettre

We very much regret to learn from your letter of 12th March 198.. that you cannot execute our order No. ... within the stipulated time-limits.

The delay of several months that you mention is not acceptable, as it means we could not be supplied in time for the summer season.

We have accordingly no alternative but to regretfully cancel the order.

CORRIGÉ

A ■

1. to cancel
2. to be out of stock
3. to specify
4. delay
5. under separate cover
6. safety regulations
7. as per your order
8. to obtain raw materials
9. the above item
10. to manufacture (to make)

B ■

C'est avec regret que nous avons appris par votre lettre du 12 mars 198.. que vous étiez dans l'impossibilité d'exécuter notre commande n°... dans les délais stipulés.

Le retard de plusieurs mois que vous mentionnez n'est pas acceptable, car cela signifierait que nous ne pourrions pas être livrés à temps pour la saison d'été.

C'est donc avec regret que nous nous voyons contraints d'annuler notre commande.

IX

INSURANCE

ASSURANCE

L'expéditeur
– dans le cas par exemple d'une transaction C.A.F.
(Coût, Assurance, Fret, voir **Incoterms**) –
ou le destinataire fait assurer
une expédition par sa compagnie d'assurances,
écrit pour signaler
une perte, un vol, etc., ou
demander le règlement d'un dommage.

Dear Sirs,

Please quote us a rate for the insurance against all
risks, warehoused and in transit, of a shipment of
  50 rotary lawnmowers, cased, London to
  Marseille, by lorry.

The value of the shipment is £ 2,000. The insurance is
needed as from 12 October.

Yours faithfully,

Dear Sir,

We confirm our telex of today, a copy of which is
enclosed, and would be glad if you would cover us
against all risks, warehouse to warehouse, to the
value of £ 5,000 on :
  50 12-bore automatic loading shotguns (one
  crate). London to Le Havre by MV Felixstowe of the
  Blue Label Line.

The certificate must reach us by 24th June at the
latest, since it has to be presented with the other
documents to the bank with which a letter of credit
has been opened.

We look forward to your early acknowledgement.

Yours faithfully,

Telegram : presumes open policy

PLEASE HOLD COVERED TO FF 350,000 FOR 5,000 BOTTLES
COGNAC MV SAINT FLEUR BORDEAUX NY DETAILS FOLLOW.

Telegram : consignee to vendor

REGRET THEFT OF LAST CONSIGNMENT IN TRANSIT STOP
ADVISE INSURERS LETTER FOLLOWS STOP CAN YOU REPLACE
URGENT.

Messieurs,

Veuillez nous communiquer le montant de la prime[1] pour une assurance tous risques, couvrant l'entreposage et le transport[2] par camion de Londres à Marseille[3] de
    50 tondeuses à gazon à moteur rotatif, emballées dans leurs caisses.

La valeur de cet envoi est £ 2 000[4]. La garantie devrait prendre effet[5] le 12 octobre.

Nous vous prions d'agréer...

Monsieur,

Nous vous confirmons notre télex d'aujourd'hui, dont vous trouverez la copie ci-jointe. Nous vous remercions[6] de bien vouloir assurer contre tous risques, d'entrepôt à entrepôt
    50 fusils de chasse automatiques calibre 12 (une caisse), représentant une valeur de £ 5 000, transportés de Londres au Havre à bord du Felixstowe de la ligne Blue Label.

Le certificat d'assurance[7] doit nous parvenir le 24 juin au plus tard, afin d'être joint aux documents à présenter[8] à la banque auprès de laquelle a été déposée[9] une lettre de crédit[10].

Dans l'attente d'une confirmation rapide de votre part...

Télégramme :
avis d'aliment d'une police ouverte[11]

COUVREZ-NOUS POUR UNE VALEUR DE 350 000 F SUR 5 000 BOUTEILLES COGNAC SUR SAINT FLEUR BORDEAUX NEW YORK DÉTAILS SUIVENT[12].

Télégramme :
destinataire à fournisseur[13]

DÉPLORONS VOL DERNIÈRE EXPÉDITION EN COURS TRANSPORT DONNEZ AVIS[14] ASSUREURS LETTRE SUIT REMPLACEMENT URGENT[15].

1   **Rate,** *taux,* d'où *montant de la prime.* Notez la tournure **quote us for...** à rendre par *indiquez-nous* (communiquez-nous) *vos prix pour...*

2   Mot à mot : *entreposé et en transit* (*en entrepôt et en cours de transport*).

3   Remarquez l'ordre des mots différent dans le texte français, pour donner au style un caractère plus naturel.

4   En anglais, virgule après le chiffre indiquant le nombre des milliers.

5   Mot à mot : *L'assurance est nécessaire à compter du 12 octobre.* Remarquez qu'en anglais les noms de mois s'écrivent avec une majuscule (il en va de même pour les jours de la semaine).

6   Mot à mot : *Nous serions heureux si vous nous couvriez contre...*

7   **Insurance (The Insurance Certificate)** est sous-entendu.

8   Mot à mot : *puisqu'il doit être présenté avec les autres documents.*

9   Mot à mot : *avec laquelle une lettre de crédit a été ouverte.* Notez la tournure avec **with,** comme dans **to open an account with a bank,** *ouvrir un compte dans une banque.*

10 Il s'agit d'une *lettre de crédit documentaire :* la banque de l'importateur ouvre un crédit en faveur de l'exportateur, dans le pays de celui-ci, soit dans une succursale soit dans une banque. Lorsque le vendeur présentera sa traite, il devra l'accompagner de certains documents tels que facture, connaissement, police d'assurance.

11 Mot à mot : *présuppose une police ouverte,* c'est-à-dire une police qui permet l'assurance des marchandises avant que leur valeur soit connue. La prime est ajustée ultérieurement en fonction de la valeur des marchandises.

12 Le texte complet en anglais serait : **Please hold covered to the value of F 350,000 on 5,000 bottles of çognac on board Motor Vessel Saint Fleur from Bordeaux to New York. Details will follow.**

13 *Vendeur* risquerait d'être ambigu en français.

14 **To advise :** *informer.*

15 Texte complet en anglais : **We regret the theft of your last consignment in transit. Please advise your insurers. A letter follows. Can you replace the shipment urgently ?**

1   We shall be glad to know of your lowest rates FPA, the average quantity of each shipment will be... valued at...

2   We wish to renew our floating policy No ... on the same terms.

3   This consignment is to be covered under our open cover terms.

4   Please insure us on the cargo listed on the attached sheet.

5   The premium is to be charged to the consignees.

6   We have arranged for the goods to have full cover until loaded. The consignee should arrange in-transit cover.

7   You may wish to arrange cover for leakage and breakage or for corrosion damage.

8   We will effect insurance against all risks as requested.

9   For containerised goods, we presume that you will require cover up to FF 300,000 as before.

10   During discharge from the vessel it was noticed that several of the bales were badly oil-stained.

11   We are making a claim on our insurance company and will advise you of the outcome in due course.

---

1   *Veuillez nous faire connaître vos meilleurs taux de prime « franc d'avarie particulière » ; chaque envoi sera composé en moyenne de... d'une valeur de...*

2   *Nous souhaitons renouveler notre police flottante n° ... en gardant les mêmes conditions.*

3   *Cette expédition doit être couverte selon les conditions de notre police ouverte.*

4   *Nous vous prions d'assurer la cargaison dont la liste figure sur le document ci-joint.*

5   *La prime sera à la charge des destinataires.*

6   *Nous avons fait le nécessaire pour que la couverture totale des marchandises soit accordée jusqu'à leur chargement inclus. Le destinataire sera responsable de l'assurance en cours de transport.*

7   *Nous vous conseillons de prendre une assurance contre les risques de coulage, de casse ou de corrosion.*

8   *Nous vous assurerons contre tous risques, selon vos instructions.*

9   *Pour les marchandises en conteneurs, confirmez-nous que la couverture demandée reste bien de 300 000 F.*

10   *Au cours du déchargement il est apparu que plusieurs balles présentaient d'importantes taches d'huile.*

11   *Nous adressons une déclaration de sinistre à notre compagnie d'assurances et vous tiendrons informés des suites en temps utile.*

Nous avons bien reçu vos instructions concernant l'expédition de votre commande n° 12370 X.

Sauf indication contraire de votre part, nous assurerons cet envoi contre tous les risques, pour la valeur des marchandises et les frais de transport.

Par ailleurs, nous venons de recevoir le rapport d'expert portant sur l'accident survenu à la date du 30 septembre au camion transportant vos caisses entre Chicago et Montréal.

Aux termes de ce rapport, il semble bien que l'état du véhicule n'était pas satisfaisant. Cet élément, que nous ne manquerons pas de faire valoir auprès de la compagnie qui assure le camion, devrait permettre un règlement rapide des dommages.

A l'arrivée au port de Calais du vapeur Hackett ce matin, les agents de la compagnie ont remarqué qu'une partie de la cargaison sur palette embarquée sur le pont avait été endommagée au cours de la traversée, en raison de l'état de la mer.

Dès que nous l'avons appris, nous avons fait inspecter le chargement par le représentant sur place du Lloyds.

Le nombre total des articles correspond bien à la liste établie lors de l'emballage, mais les articles suivants ont été détériorés par l'eau de mer :
5 sacs de 50 livres d'oxyde d'aluminium
2 fûts de dioxyde de manganèse.

Nous vous adressons 2 exemplaires du rapport d'expertise et le témoignage des agents de la compagnie déclarant que les dommages ont été découverts dès l'arrivée au port.

Comme c'est vous qui détenez la police, nous vous serions reconnaissants de bien vouloir saisir les assureurs de cette affaire en notre nom. Le numéro du certificat d'assurance est 2202159.

Entre-temps, nous vous saurions gré de faire le nécessaire pour le remplacement dans les meilleurs délais des articles endommagés.

Dans l'espoir d'une réponse rapide, nous vous prions...

We confirm receipt[1] of your instructions
concerning the despatch of your order No. 12370 X.
Unless you specify to the contrary[2] we will insure
this consignment against all risks for the value of
goods and the cost of transport.

In addition, we have just received the expert's
report on the accident which occurred to the truck[3]
transporting your crates between Chicago and
Montreal on the 30 September.

According to the report, it would seem that the
vehicle was not completely roadworthy[4]. We will
certainly insist on this in our negotiations[5] with
the company insuring the truck and expect an easy
settlement of the damages[6] in consequence.

When the MV Hackett arrived[7] at Calais this morning
the ship's[8] agents noticed that some of the
palletized deck cargo[9] had suffered damage[10] in the
rough crossing. On being notified we immediately
had the shipment examined[11] by Lloyds' agent here.
The total number of items tallies with the packing
list but the following have suffered sea water
contamination :
    5 50-lb sacks Aluminium Oxide,
    2 Drums Manganese Dioxide.

We enclose 2 copies of the report of the survey and
of a declaration by the ship's agents to the effect
that[12] the damage was noticed on arrival in port.

As you hold the policy we would be obliged if you
would kindly take up the matter with the
underwriters[13] on our behalf[14]. The number of the
insurance certificate is 2202159.

In the meantime we will be glad if you will send us
replacements for the contaminated articles as soon
as possible.

We hope to hear from you shortly.

1   Mot à mot : *nous confirmons la réception...*

2   Variantes : **unless you notify us to the contrary, unless we receive instructions to the contrary.** Dans un sens plus général (*contrat*, p. ex.) *sauf indication(s) contraire(s)* peut aussi se traduire par : **except where otherwise stipulated, unless stipulated otherwise, failing specifications to the contrary,** etc.

3   *camion* : **truck** en américain, **lorry** en anglais britannique. Autres sens de **truck** : *wagon de chemin de fer ; chariot élévateur* (**fork-lift truck**).

4   **Roadworthy,** mot à mot : *digne de tenir la route, capable de tenir la route.* **Roadworthiness** : *tenue de route, état d'un véhicule.* De même : **seaworthy** : *capable de tenir la mer, en bon état de navigabilité.* **Seaworthiness** : *navigabilité (d'un navire).*

5   Mot à mot : *nous insisterons évidemment là-dessus dans nos négociations...* Remarquez l'orthographe de ce mot en anglais : **to negotiate, negotiation.**

6   Au sens de *dégâts,* **damage** est singulier : *les dégâts sont importants :* **damage is considerable.** Au sens de *dommages et intérêts,* il est pluriel : **to sue for damages,** *poursuivre en dommages et intérêts.*

7   **MV : Motor Vessel,** *navire à moteur.* Mot à mot : *quand le vapeur Hackett est arrivé...*

8   Remarquez le cas possessif, normal puisqu'un navire (en anglais britannique du moins) est féminin.

9   Attention à ce mot. **Cargo** : *cargaison. Cargo* (navire) : **cargo-vessel, cargo-boat.**

10 Mot à mot : *avait subi des dégâts.*

11 *Faire faire quelque chose par quelqu'un.* **To have something done by somebody ;** auxiliaire **to have** + complément + participe passé + complément d'agent.

12 Mot à mot : *déclaration par les agents du navire (de l'armateur, de la compagnie) aux termes de laquelle...*

13 **Underwriter(s)** est le terme le plus fréquemment utilisé pour désigner le ou les *assureurs maritimes.*

14 **On our behalf :** a) *en notre nom ;* b) *pour notre compte.*

against all risks : *contre tous (les) risques.*

in transit : *en cours de route, durant le transport, en cours de transport, en transit.*

to case : *emballer, mettre en caisse(s).*

letter of credit : *lettre de crédit* (document émis par une banque et autorisant le bénéficiaire à tirer des traites jusqu'à une certaine somme sur cette banque ou une banque à l'étranger).

acknowledgement : *accusé de réception.*

to cover : *couvrir, assurer.*

consignee : *destinataire.*

to advise : *conseiller.*

rate : *taux.*

free of particular average : *franco d'avarie particulière.*

average : a) *moyenne* ; b) *avarie.* On distingue entre **general average** : *avarie commune, avarie grosse,* supportée à la fois par les propriétaires du navire et ceux de la cargaison, et **particular average** : *avarie particulière,* supportée par une seule des parties.

floating policy : *police flottante* (couvre les marchandises où qu'elles soient et quelle que soit leur quantité).

terms : *conditions.*

cover : *couverture.*

airfreight : *fret aérien.*

premium : *prime.*

discharge : *déchargement, débarquement.*

damage : a) *dégâts* ; b) au plur. **damages** : *dommages et intérêts.*

to notify : *signaler.*

to tally : *correspondre à, concorder avec.*

survey : a) *étude* ; b) *expertise.*

policy : *police (d'assurance).*

underwriters : *assureurs (maritimes).*

replacement : *(article de) remplacement.*

unless you specify to the contrary : *sauf indication(s) contraire(s).*

roadworthy : *en bon état de marche (véhicule routier).*

settlement : *règlement.*

VOCABULAIRE
COMPLÉMENTAIRE

adjustment : *répartition d'avarie, dispache.*

adjuster : *répartiteur d'avaries, dispacheur.*

claim : a) *réclamation* ; b) *demande d'indemnité.*

cover note : *note de couverture.*

to indemnify : *indemniser.*

to underwrite : *assurer.*

underwriting : *assurance (notamment maritime).*

additional clause : *avenant.*

■ Traduire

1. *Le certificat d'assurance doit nous parvenir le 30 septembre au plus tard.*
2. *Notre prime d'assurance vient d'être augmentée.*
3. *Il leur faudra faire assurer la cargaison contre tous risques.*
4. *Avez-vous adressé une déclaration de sinistre à votre assurance ?*
5. *Nous avons fait le nécessaire pour que les marchandises soient entièrement couvertes.*

CORRIGÉ

■

1. The insurance certificate must reach us (will have to reach us ; should reach us) by 30th September at the latest.
2. Our insurance premium has just been raised.
3. They will have to have the cargo insured against all risks.
4. Have you made a claim on your insurance company (put in claim with...) ?
5. We have arranged for the goods to have full cover.

VOCABULAIRE COMPLÉMENTAIRE

fire and theft policy : *police vol et incendie.*

third party insurance : *assurance au tiers.*

lump sum settlement : *règlement forfaitaire.*

liability : *responsabilité.*

industrial injury : *accident du travail.*

workmen's compensation : *assurance contre les accidents du travail.*

under the contract : *aux termes du contrat.*

to take out an insurance policy : *prendre une assurance.*

damage in transit : *dommages (dégâts) pendant le (en cours de) transport.*

Attention au français « assurance » qui sera traduit différemment en anglais suivant son sens :
1. *fait d'assurer :* **insurance, insuring.**
2. *compagnie d'assurance :* **insurance company.**
3. *police d'assurance :* **insurance policy.**
4. *prime d'assurance :* **insurance premium.**
5. *indemnisation :* **compensation, indemnification, indemnity.**

X

TERMS
OF PAYMENT

CONDITIONS
DE PAIEMENT

Le fournisseur
indique ses conditions habituelles
ou précise celles qu'il est prêt à accorder.
L'acheteur
se renseigne sur les conditions de paiement
et de crédit,
demande des arrangements particuliers
ou confirme
les dispositions prises à l'occasion d'une transaction.

Thank you for your inquiry. Please find below our usual terms of settlement of foreign orders.

The usual method of payment is by banker's transfer within 30 days of receipt of statement. When we receive confirmation of credit transfer from your bank we will make up your order immediately while awaiting despatching instructions from your agent.

We are sure you will be satisfied with the quality of our goods and services.

We are pleased to confirm that the following arrangements have been made for payment. The National Bank of Argentina has been instructed to open a credit for ARP 10,000 in your favour, valid until 30 November. This credit will be confirmed by the Paris branch of the bank which will accept your draft at 180 days after date for the amount of your invoice, plus interest at 9% p.a.

Please attach the following documents to your draft : 2 signed bills of lading, 2 commercial invoices, insurance policy for ARP 10,000.

Our forwarding agents will inform you of their charges separately. Your invoice should include FOB Marseille.

Please advise us when the goods have been dispatched.

As we have now done business with you for over a year on the basis of payment on invoice we would like to ask you to grant us open account terms with quarterly settlements.

Our other main suppliers in your country have already agreed to trade with us on these terms.

We hope you will be willing to comply with our request.

En réponse à votre demande de renseignements[1], je vous prie de trouver ci-joint[2] nos conditions habituelles de paiement en ce qui concerne le règlement des commandes à l'étranger.

Ce dernier s'effectue généralement[3] par virement bancaire trente jours après la réception du relevé[4]. Dès que votre banque nous aura confirmé[5] le virement de fonds, nous préparerons immédiatement l'expédition de votre commande, en attendant les instructions[6] de votre agent.

Nous sommes certains que la qualité de nos marchandises et de nos services répondront à votre attente.

Nous avons le plaisir de vous confirmer que nous avons pris les dispositions suivantes[7] en ce qui concerne notre règlement. Nous avons demandé à la Banque Nationale d'Argentine[8] de tenir à votre disposition[9] ARP 10 000 jusqu'au 30 novembre[10]. Ce crédit vous sera confirmé par la succursale[11] parisienne de la banque qui acceptera votre traite à 180 jours de date pour le montant de votre facture, auquel s'ajoute l'intérêt annuel de 9 %[12].

Veuillez joindre les documents suivants à votre traite : 2 exemplaires signés du connaissement, 2 factures commerciales, police d'assurance d'une valeur de ARP 10 000.

Nos transitaires vous informeront eux-mêmes du montant de leurs commissions[13]. Votre facture devra[14] porter la mention FOB[15] Marseille. Nous vous serions obligés de nous avertir dès que les marchandises auront été expédiées[16].

Cela fait maintenant plus d'un an que nous traitons avec vous[17] sur la base de règlements sur factures. Nous nous permettons donc de vous demander de nous accorder l'ouverture d'un compte[18] avec règlement trimestriel[19].

Nos autres principaux fournisseurs dans votre pays ont déjà donné leur accord pour traiter avec nous sur ces bases et nous espérons que vous serez disposés à satisfaire notre requête.

1 Mot à mot : *Merci pour votre demande...*
   Enquiry peut aussi s'écrire **inquiry.**

2 Mot à mot : *ci-dessous.*

3 Mot à mot : *la méthode habituelle de paiement est...*

4 L'expression complète est **statement of account :** *relevé de compte.*

5 Notez l'emploi du présent en anglais après **when** au sens de *lorsque.*

6 Mot à mot : *instructions pour l'expédition.*
   To despatch peut aussi s'écrire **to dispatch.**

7 Remarquez l'emploi du passif en anglais.

8 Remarquez à nouveau l'emploi du passif.
   To instruct somebody to do something : *charger quelqu'un de faire quelque chose.*

9 Mot à mot : *ouvrir un crédit en votre faveur.*

10 Mot à mot : *valable jusqu'au 30 novembre.*

11 *Succursale* ou *agence.* Attention à ne pas confondre **branch** avec **subsidiary,** qui signifie *filiale.*

12 **p.a. : per annum.** Variantes : **a year,** ou **per year :** *par an.*

13 C'est le contexte qui amène à traduire **charges** par *commissions.* Le mot **charge** recouvre le sens de *tous frais devant être payés.* L'anglais **commission** a un sens plus étroit et dénote *le pourcentage* du volume d'une transaction revenant à un intermédiaire.

14 Mot à mot : *devrait.*

15 **F.O.B. = Free on board :** *Franco à bord.*

16 Notez l'emploi du « present perfect » anglais après **when** au sens de *lorsque* (au lieu du futur antérieur français). Cf. n° 5.

17 Cas typique d'emploi du « present perfect » pour une action commencée dans le passé et qui dure encore.

18 Mot à mot : *nous accorder des conditions de compte ouvert.*

19 **Quarter :** *trimestre.* Remarquez que la phrase anglaise est rendue par deux phrases en français.

1 Please draw on us for the amount of your invoice.

2 We propose to settle by bill of exchange at 60 days, documents against acceptance.

3 You may draw on us at 90 days from the date of despatch ex-works.

4 Our acceptances will be honoured on presentation at the bank.

5 On receipt of your remittance we will forward your order.

6 We enclose our pro forma invoice which includes all costs to...

7 The shipping documents will be handed to you against settlement of the amount shown on the invoice.

8 2.5% may be deducted from the amount shown if payment is effected promptly within 30 days.

9 Please inform us what arrangements you have made for payment.

10 We would be glad if you would arrange payment either by banker's draft or by opening an irrevocable letter of credit in our favour.

11 As your order is urgent, may we suggest that you arrange payment by banker's transfer and confirm this by telegram.

---

1 *Nous vous prions de tirer sur nous pour le montant de la facture.*

2 *Nous nous proposons de vous régler par lettre de change à 60 jours, documents contre acceptation.*

3 *Vous pouvez tirer sur nous à 90 jours à compter de la date d'expédition départ usine.*

4 *Nos effets seront honorés dès leur présentation à la banque.*

5 *Nous vous expédierons votre commande dès réception de votre règlement.*

6 *Nous vous prions de trouver ci-joint la commande pro forma, incluant tous les frais de transport jusqu'à...*

7 *Les documents d'expédition vous seront remis contre règlement de la facture.*

8 *Une remise de 2,5 % vous sera accordée si vous nous réglez dans un délai de 30 jours.*

9 *Veuillez nous tenir informés des dispositions que vous prendrez pour effectuer votre règlement.*

10 *Nous vous saurions gré de bien vouloir prendre des dispositions pour nous régler soit par traite bancaire soit par lettre de crédit.*

11 *En raison de l'urgence de votre commande, nous vous proposons de nous régler par virement bancaire et de nous confirmer votre opération par télégramme.*

En réponse à votre lettre du 12 juin, nous vous confirmons nos conditions de paiement pour les commandes en provenance de l'étranger : règlement par traite à 30 jours, domiciliée à la Banque XYZ.

Votre commande vous sera expédiée dès que la banque nous aura avisé de l'acceptation de la traite.

Le prix du transport est bien celui qui vous a été communiqué dans notre lettre du 4 juin, et le coût global de l'expédition comportait bien les frais d'emballage, qui restent les mêmes à ce jour.

Cher Monsieur,

Nous avons bien reçu votre lettre du 3 novembre.

Nous sommes au regret de vous signaler que nous ne fabriquons plus le 42 K depuis plusieurs années. Nous l'avons remplacé par le modèle 58 K, dont nous pensons que c'est un instrument encore meilleur. Le 36 K pourrait également vous convenir.

Les prix de tous les instruments disponibles, ainsi que leurs caractéristiques, figurent sur la liste jointe.

Nous pouvons vous expédier un instrument par avion, contre règlement des frais de transport et droits de douane à l'arrivée.

Si vous désirez en commander un, adressez-nous une traite bancaire pour la valeur de l'instrument, en ajoutant 100 F pour les frais d'emballage.

Nous restons à votre disposition et vous prions de croire...

In reply to your letter of 12th June, we wish to confirm[1] our terms of payment for orders from abroad[2] : settlement by draft at 30 days, domiciled at the XYZ Bank.

Your order will be forwarded as soon as the bank has notified[3] us that the draft has been accepted[4].

We also confirm that[5] the transport charges are those we quoted in our letter of 4th June, and that the overall cost of forwarding does in fact include[6] packing expenses, which have remained unchanged[7].

Dear Mr. Helin[8] :

We are in receipt of your letter of November 3, for which we wish to thank you[9].

We are sorry to inform you that we discontinued[10] the 42 K several years ago, and have replaced it by model 58 K, which we think is an even better instrument[11]. The 36 K may also meet your requirements[12].

The prices of all available instruments, together with their specifications[13], are indicated on the enclosed list[14].

We can ship one instrument to you by Air Freight collect for shipping[15] and duties.

If you would like to order one, kindly send us[16] a bank draft[17] for the price of the instrument and add FF 100 for special packing[18].

If you need any more information, please let us know[19].

Sincerely yours[20],

1 Mot à mot : *nous souhaitons confirmer.*

2 En anglais britannique, on peut employer le mot **indent** dans ce sens.

3 Remarquez l'emploi du « present perfect » anglais, au lieu du futur antérieur français, ce qui est la règle après la conjonction de temps **as soon as.**

4 Le nom français (*acceptation*) est remplacé par un verbe.

5 Mot à mot : *nous confirmons aussi.*

6 **Does in fact include.** L'emploi du présent, avec un **do** de renforcement, évite toute ambiguïté.

7 Mot à mot : *sont restés inchangés.*

8 La lettre est traduite en américain, d'où cette ponctuation. Voir aussi la date : **November 3,** usage U.S.

9 Mot à mot : *dont nous vous remercions.* Ce rajout est optionnel.

10 **To discontinue :** *cesser, mettre fin à, interrompre,* souvent utilisé pour désigner l'arrêt ou l'abandon d'une production.

11 Mot à mot : *qui, pensons-nous, est un encore meilleur instrument.*

12 Mot à mot : *pourrait aussi répondre à vos besoins.*

13 On aurait pu se contenter de − **with their specifications** − (entre tirets).

14 Ou **in the enclosed list.**

15 Cet exemple montre bien que **to ship** en anglais moderne n'est pas limité à l'expédition par mer !

16 L'impératif anglais demande souvent à être adouci par **please,** ou **kindly,** etc.

17 Également appelé **banker's draft.**

18 Mot à mot : *pour emballage spécial.*

19 Mot à mot : *si vous désirez d'autres renseignements, faites-le nous savoir s'il vous plaît.*

20 **Yours sincerely** en anglais britannique.

terms of payment : *conditions de paiement.*

banker's transfer : *virement bancaire, transfert bancaire.*

receipt : a) *réception* ; b) *reçu.*

credit transfer : *virement de crédit, virement bancaire.*

to make up an order : *préparer l'expédition d'une commande.*

valid : *valable.*

branch : *succursale, agence.*

draft : *traite.*

invoice : *facture.*

forwarding agent : *transitaire.*

charge : *somme, montant à payer.*

F.O.B. = free on board : *franco à bord.*

open account : *compte ouvert (non réglé, non soldé).*

quarterly : *trimestriel.*

to draw : *tirer.*

bill of exchange : *lettre de change, traite.*

ex-works : *sortie usine, départ usine.*

acceptance : *acceptation.*

to honour : *honorer.*

remittance : *versement.*

pro forma invoice : *facture pro forma.*

shipping documents : *documents d'expédition.*

banker's draft : *traite bancaire* (traite tirée par une banque sur elle-même ou une de ses succursales).

irrevocable letter of credit : *lettre de crédit irrévocable.*

to domicile : *domicilier.*

packing expenses : *frais d'emballage.*

specification : *caractéristique (technique).*

Air Freight Collect : *règlement des frais de transport aérien à l'arrivée, port aérien dû.*

VOCABULAIRE
COMPLÉMENTAIRE

to credit : *créditer.*

to debit : *débiter.*

to pay by instalments : *payer par versements échelonnés.*

at sight : *à vue.*

cash discount : *escompte de caisse (pour paiement au comptant).*

International Money Order (I.M.O.) : *mandat international.*

■ **Traduire**

1. *Nous avons pris les dispositions suivantes.*
2. *Avertissez-nous dès que les marchandises auront été expédiées.*
3. *Tirez sur nous pour le montant de la facture.*
4. *Votre traite sera honorée dès sa présentation.*
5. *On nous a accordé une remise de 5 %.*
6. *Documents contre acceptation.*
7. *Documents d'expédition.*
8. *Régler dans un délai de 30 jours.*
9. *Ce crédit vous sera confirmé par notre succursale.*
10. *Règlement trimestriel.*

CORRIGÉ

■

1. We have made the following arrangements.
2. Please advise us as soon as the goods have been dispatched.
3. Draw on us for the amount of the (your) invoice.
4. Your draft will be honored on presentation.
5. We have been granted a 5% discount.
6. Documents against acceptance.
7. Shipping documents.
8. To settle within 30 days.
9. This credit will be confirmed by our branch.
10. Quarterly settlement.

DIFFÉRENCES D'ORTHOGRAPHE
ENTRE L'ANGLAIS BRITANNIQUE
ET L'ANGLAIS AMÉRICAIN

G.B.	U.S.
-our	**-or**
honour, colour	**honor, color**
-tre	**-ter**
centre	**center**

XI

ACKNOWLEDGEMENT AND ADVICE NOTE

ACCUSÉ DE RÉCEPTION DE LA COMMANDE ET AVIS D'EXPÉDITION

Le fournisseur ou fabricant
accuse réception de la commande,
donne des précisions
sur les conditions de livraison
(transport, emballage, dates)
et/ou annonce l'expédition.

Acknowledgement of order

Dear Client :

Acme Tooling are pleased to acknowledge your order
No. 7041 for 3 gross special diamond-coated
grinding disks on 1/4'' shanks.

As mentioned in our previous letter, delivery for
non standard goods is usually 2 months, but in
view of your urgent need we are giving your order
priority. You may be sure the goods will reach you
within the stipulated time limits and we will
shortly be advising you of despatch.

   An order with Acme is an investment in quality.

Your order No. 2621 p of September 4, 199..

Gentlemen :

We are pleased to inform you that the articles
ordered under the above number were today
despatched by car to the airfreight terminal for
airfreighting as arranged.

The ceramic items are packed in 4 crushproof cases,
12 to a case. The cases are marked with the initials
of your company "P.B. and Cie" in a red triangle over
the instruction "DO NOT STACK"and are numbered 1 to
4. The other items have been packed in drums and
stacked on one, disposable pallet.

A complete set of the clean air waybills together
with copies in triplicate of the commercial
invoice and the insurance certificate have been
forwarded to the Bank of Chicago who have honored
your sight draft for $ 3,240 in accordance with the
letter of credit opened with them.

We are sure the quality of the goods will meet your
every expectation.

Cher Client [2],

Acme Tooling a le plaisir d'accuser réception de votre commande n° 7041 pour 3 grosses [3] de meules diamantées sur tiges de 1/4 de pouce [4].

Comme le souligne [5] notre lettre précédente, la livraison de marchandises ne répondant pas aux normes habituelles [6] requiert généralement un délai de 2 mois [7] ; cependant, compte tenu du caractère urgent de votre commande, nous lui réservons la priorité [8]. Nous vous assurons [9] que les marchandises vous parviendront dans les délais demandés [10] et vous aviserons prochainement de la date de leur expédition [11].

Passer commande chez Acme, c'est investir dans la qualité.

Objet :
Votre commande n° 2621 p du 4 septembre 199.. [12]

Messieurs,

Nous avons le plaisir de vous informer que les articles référencés [13] sous le numéro ci-dessus ont été transportés ce jour par voie ferrée [14] jusqu'à la gare de fret aérien d'où ils vous seront expédiés [15] comme prévu.

Les articles de céramique sont emballés dans 4 caisses à l'épreuve des chocs, à raison de 12 unités par caisse. Celles-ci sont marquées des initiales de votre société « P.B. et Cie » à l'intérieur d'un triangle rouge sous la mention « NE PAS EMPILER » et numérotées de 1 à 4. Les autres articles sont emballés dans des caisses cylindriques [16], posées sur une palette non récupérable [17].

Un jeu [18] complet de lettres de voiture non clausées [19], ainsi que trois exemplaires [20] de la facture commerciale et du certificat d'assurance ont été adressés à la Banque de Chicago qui a honoré votre traite à vue d'un montant de USD 3 240 [21] selon les termes [22] de la lettre de crédit ouverte auprès de cette banque.

Nous sommes certains que la qualité de nos marchandises répondra à toute votre attente.

1   **Acknowledgement** est rendu par *accusé de réception*.

2   Lettre américaine. La formule de salutation est suivie de deux points au lieu d'une virgule en anglais britannique.

3   *Une grosse* = 12 douzaines. En français, *grosse* a aussi le sens d'*original, d'acte notarié*, par exemple.

4   Le signe '' en anglais signifie **inch** = *pouce*.

5   Notez la concision en anglais ; mot à mot : *comme mentionné...*

6   On aurait pu se contenter du mot à mot : *non standard.* **Standard :** *étalon, norme*.

7   La notion de délai est sous-entendue en anglais, mot à mot : *la livraison... est généralement de deux mois.* Attention au sens de **delay :** *retard*.

8   Notez la transposition en français. Mot à mot : *compte tenu de votre besoin urgent, nous donnons priorité à votre commande.*

9   Mot à mot : *vous pouvez être certain...*

10 **Time limits :** *délais.*

11 L'anglais se contente de **despatch,** qui s'écrit aussi **dispatch :** *expédition*.

12 Notez la place de l'objet de la lettre, qui viendrait en anglais britannique au-dessous de la formule de salutation.

13 Mot à mot : *commandés.*

14 En américain, **car** peut signifier, comme ici, *wagon de marchandises*. D'où la traduction *par voie ferrée*. On évite toute ambiguïté en écrivant **by rail** ou en précisant **by railroad car** (américain).

15 **To airfreight :** *expédier par avion, par voie aérienne.*

16 **Drum :** *tonneau, fût* mais aussi *cylindre*, d'où *caisse*.

17 Mot à mot : *à jeter.* **To dispose of something :** *se débarrasser de quelque chose.*

18 **Set :** *ensemble*, d'où *jeu de..., service* (**tea-set...**).

19 **Air waybill :** équivalent du **bill of lading** pour *transport maritime* ; **waybill :** *lettre de voiture (transport routier)*. **Clean :** *non clausé(e)* ; aussi : **clean signature :** *signature sans réserve*.

20 **In triplicate :** *en trois exemplaires.* **In duplicate :** *en deux exemplaires.*

21 Remarquez la présence en anglais de la virgule après les milliers.

22 Mot à mot : *en accord avec, selon...*

1   Your order of 5th April is receiving our attention.

2   We are pleased to advise you that the order has been despatched today by car to San Francisco.

3   We acknowledge receipt of your order for... This will be dispatched immediately upon receipt of your remittance for £... as per the attached pro forma invoice.

4   We thank you for your order of... which is being attended to and will be dispatched carriage forward.

5   Your order will be completed by the stipulated date.

6   The goods are to be collected at our works.

7   Your agent will be notified when the order is ready to be called for.

8   We are holding your order pending precise shipping instructions.

9   Your order is being processed for immediate dispatch.

10   Your order has been passed to our forwarding agents.

11   As requested, we have enclosed a packing note with the goods.

---

1   Nous procédons à l'exécution de votre commande du 5 avril.

2   Nous avons le plaisir de vous informer que nous expédions ce jour les marchandises commandées par voie ferrée jusqu'à San Francisco.

3   Nous accusons réception de votre commande pour... Nous vous expédierons les marchandises dès réception de votre règlement de..., montant de la facture pro forma ci-jointe.

4   Nous vous remercions de votre commande du... qui est en cours d'exécution, et vous sera expédiée en port dû.

5   Nous exécuterons votre ordre dans les délais stipulés.

6   Les marchandises sont à prendre à notre usine.

7   Nous aviserons votre agent de la date à laquelle votre commande sera prête.

8   Avant de procéder à l'expédition de votre commande, nous attendons vos instructions.

9   Nous exécutons votre commande en vue d'une expédition immédiate.

10   Votre commande a été transmise à nos agents transitaires.

11   Selon vos instructions, nous avons joint une note de colisage aux marchandises.

Nous sommes heureux de vous faire savoir que votre commande n° 4227 du 5 mai est en cours d'exécution.

Les marchandises suivantes vous seront livrées par notre transporteur habituel, Smith Bros., à votre entrepôt de Stockton, le 24 mai dans l'après-midi :

200 ouvre-boîtes électriques (4 caisses, numérotées de 1 à 4)
120 autocuiseurs, avec leurs emballages individuels (10 caisses, numérotées de 5 à 14).

Nous joindrons à cette expédition le solde de votre commande n° 4223, soit 10 aspirateurs (4 caisses numérotées de 15 à 19).

Votre commande n°...... partira le 7 mars de notre usine de .... à bord d'un de nos camions pour être chargée le lendemain à ...... sur le SS Faithful qui appareillera le 9 mars, pour arriver à ...... le 14 mars.

Comme prévu, nous tirons sur vous à 60 jours de vue pour la valeur de la facture, 720 livres, et remettons les factures consulaire et commerciale, le connaissement et la police d'assurance à la banque...

Ces documents vous seront remis par l'agence à ...... de la banque X contre votre acceptation de notre traite.

Nous vous serions reconnaissants de nous aviser de l'arrivée des marchandises.

En anglais, n'oubliez pas la majuscule pour
● les noms de mois :
   January, *janvier*
   February, *février,* etc.
● les noms de jours :
   Monday, *lundi ;* **Tuesday,** *mardi*
● les adjectifs de nationalité :
   English, German.

We are happy to inform you that your order No. 4227 of 5th May is now in hand[1].

The following items[2] will be delivered to your Stockton warehouse by our usual carrier, Smith Bros.[3], on 24th May in the afternoon :

200 electric tin-openers[4]
(4 cases[5] numbered 1-4[6])
120 pressure-cookers, in individual packings (10 cases, numbered 5-14).

We shall include[7] in this shipment the balance of your order No. 4223 –[8] 10 vacuum-cleaners (4 cases numbered 15-19).

Your order No...... will be sent from our ...... factory on March 7th by one of our trucks for loading[9] on the following day on board[10] the SS[11] Faithful, due to sail[12] on March 9th for arrival at ...... on March 14th[13].

As agreed, we will draw on you 60 days after sight for the value of the goods, £ 720, and will hand over the consular and commercial invoices, B/L[14] and insurance policy to the ...... Bank.

These documents will be surrendered[15] to you by the ...... branch[16] of the ...... Bank against acceptance of our draft.

Please advise us on arrival of the goods.

Goods ne s'emploie pas au singulier.
On peut utiliser **a commodity,** *une denrée, un produit, un article, une marchandise.*
Merchandise, grammaticalement singulier, a souvent un sens collectif : *marchandise(s).*
Wares s'applique surtout de nos jours à des productions artisanales et n'est singulier qu'en composition : **silverware,** *argenterie.*

1. Distinguer **in hand** qui signifie *en cours* (et se trouve aussi dans des expressions comme **cash in hand,** *espèces en caisse,* **stock in hand,** *marchandises en magasin*) de **to hand :** *parvenu à destination, en main,* et de **on hand :** *disponible.*

2. **Goods** serait trop général pour la liste précise qui suit.

3. Abréviation de **brothers,** *frères.*

4. U.S. : **can-openers.**

5. *Caisse* peut être traduit diversement : **box** (*boîte,* en général rectangulaire, souvent avec couvercle) ; **crate** (*caisse à claire-voie, cageot*) ; **chest** (*grande caisse,* en général en bois avec couvercle).

6. Le tiret (**dash**) correspond ici à **to.**
   On pourrait d'ailleurs écrire **numbered 1 to 4.**

7. Attention ! Il s'agit bien ici de **to include,** *contenir, inclure, englober, joindre.* Mais on ne pourrait l'utiliser pour une phrase du genre : *nous joignons à cette lettre,* qui serait : **we enclose.**

8. Le tiret traduit ici le français *soit.*

9. Mot à mot : *pour chargement.*

10. Mot à mot : *à bord de.* Remarquez la construction directe (pas de préposition).

11. Abréviation de **Steamship,** *navire à vapeur.*

12. **To sail :** *naviguer,* signifie aussi *appareiller, partir* (pour un navire).

13. On peut préférer couper la phrase après **trucks,** ce qui donnerait ensuite : **on the following day it will be loaded on board the SS Faithful, which will sail on March 9th and arrive at... on March 14th.**

14. **B/L : Bill of Lading,** *connaissement.* C'est à la fois un récépissé de chargement à bord, un contrat de transport et un titre de propriété grâce auquel on peut emprunter sur la valeur des marchandises.

15. **To surrender :** *remettre (un document) à son destinataire,* en général en échange d'une signature, d'un règlement ou de la présentation d'un autre document.

16. Ou : **the local agents of...**

gross : *12 douzaines, 144.*

time limit : *délai, date limite.*

to advise : a) *conseiller ;* b) *signaler, informer.*

despatch : *expédition.*

airfreight terminal : *gare de fret aérien.*

airfreighting : *transport du fret par avion.*

to stack : *empiler.*

to pack : *emballer.*

drum : *tonneau, caisse cylindrique, bidon, fût métallique.*

disposable : *que l'on peut jeter.*

pallet : *palette.*

air waybill : *lettre de transport aérien.*

clean : *sans réserve, non clausé.*

in triplicate : *en triple exemplaire.*

sight draft : *traite à vue.*

letter of credit : *lettre de crédit.*

to meet expectation(s) : *être à la hauteur de l'attente, donner satisfaction, répondre à l'attente.*

car : *peut signifier wagon de chemin de fer en américain.*

remittance : *versement.*

to attend to : *s'occuper de.*

to collect : *prendre livraison de.*

works : *usine.*

pending : *en attendant.*

shipping instructions : *instructions pour l'expédition.*

forwarding agent : *transitaire.*

packing note : *lettre d'accompagnement, note de colisage.*

carriage forward : *en port dû ; contre remboursement.*

carrier : *transporteur.*

tin-opener : *ouvre-boîte* (U.S. : **can-opener**).

to number : *numéroter.*

balance : *solde.*

on board : *à bord (de).*

to sail : *naviguer, appareiller.*

60 days after sight : *à 60 jours de vue (après présentation).*

to hand over : *remettre.*

to surrender : *remettre (un document à son destinataire).*

acceptance : *acceptation.*

VOCABULAIRE
COMPLÉMENTAIRE

carriage paid : *en port payé.*

freight prepaid : *transport payé d'avance, port payé.*

■ **Traduire**

1. *Les articles commandés seront livrés en port dû.*
2. *La facture sera envoyée en trois exemplaires.*
3. *Le délai de livraison est en général de 2 mois.*
4. *L'expédition comporte 5 caisses.*
5. *Avisez-nous de l'arrivée des marchandises.*
6. *Les paquets vous parviendront avant la fin du mois.*

CORRIGÉ

■

1. The articles ordered will be sent (dispatched) carriage forward.
2. The invoice will be sent in triplicate (you will be sent 3 copies of the invoice).
3. The delivery time-limit is usually (normally) 2 months.
4. The shipment (consignment) includes 5 cases.
5. Please advise us on arrival of the goods.
6. The parcels will reach you before the end of the month.

ATTENTION !

Surface mail désigne le *transport du courrier et des colis par voie routière, ferroviaire ou maritime*, à l'exclusion des transports aériens.
Car est ambigu : il signifie *automobile*, mais aussi *voiture de chemin de fer* — uniquement pour voyageurs en anglais britannique, mais également *wagon de marchandises* en américain.
Truck peut désigner en anglais britannique *un wagon (plat) de chemin de fer* ; en américain *un camion, un chariot* : **a fork-lift truck,** *un chariot élévateur*.

XII

CUSTOMS FORMALITIES

FORMALITÉS DOUANIÈRES

La nécessité de se conformer
aux réglementations
douanières
et de fournir les documents exigés
est à l'origine d'échange
de correspondance entre le fournisseur,
l'acheteur, leurs agents en douane
et les autorités douanières.

Shipping agent to French exporter

Dear Sirs,

We have proceeded with the shipment of your goods to Nigeria as requested but regret to inform you that we have encountered a problem.

It would appear that regulations governing the packing of imported goods have recently been modified. On arrival at the port of entry, local customs officials impounded the disembarked cargo because the crates were non-standard. The goods will be released only if they are repacked and after payment of a special fee imposed for shipments which are resubmitted for clearance.

In view of the fact that your goods must meet a strict delivery deadline we have proceeded with recrating but must warn you of the additional expenses incurred.

Yours faithfully,

Dear Sirs,

We had hoped to receive the shipment of tractor spares (Order No. 3829v) by the end of last week. However enquiries revealed that the customs authorities had held up the goods because the import documents were not accompanied by a certified translation.

The customs authorities have imposed their standard fee for processing documents in foreign languages and sent the bill to us as addressee of the goods.

In order to expedite delivery of the much delayed order we have settled the bill but as our contract is based on a duty paid price we are forwarding a copy of the bill for the translation fees to you for reimbursement.

We trust that the outstanding shipments will not suffer a similar delay.

Messieurs,

Selon vos instructions[1], nous avons expédié[2] vos marchandises au Nigeria. Nous avons, cependant[3], le regret de vous informer du problème suivant[4] : il semblerait que le règlement[5] relatif aux emballages de marchandises importées vient d'être modifié. Lors[6] de l'arrivée de la cargaison au port de débarquement[7], les autorités douanières nigérianes[8] ont mis sous scellés les marchandises dont les caisses n'étaient pas conformes aux normes exigées[9]. Les marchandises ne vous seront remises[10] que présentées dans de nouveaux emballages et après versement du droit spécial perçu sur les articles à redédouaner[11].

Afin d'honorer la date de livraison prévue[12], nous avons procédé à un réemballage dans de nouvelles caisses[13] et devons vous aviser des frais supplémentaires que cette opération a entraînés[14].

Veuillez agréer, ...

Messieurs,

Nous comptions recevoir[15] les pièces de rechange pour tracteurs (commande n° 3929v) à la fin de la semaine dernière. Cependant, notre enquête[16] a révélé que les autorités douanières ont retenu[17] les marchandises ; les documents d'importation, en effet[18], n'étaient pas accompagnés de leur traduction certifiée conforme[19].

Le forfait[20] concernant la traduction de documents étrangers a été fixé par les autorités douanières qui nous ont adressé leur facture en tant que destinataires[21].

Afin de hâter la livraison déjà tardive, nous avons réglé cette facture ; cependant, notre contrat étant « marchandises dédouanées »[22], nous vous envoyons un exemplaire de la facture couvrant ces frais de traduction afin que vous puissiez nous les rembourser[23].

Nous sommes certains que les livraisons à venir[24] ne subiront pas les mêmes retards.

1 Transposition de **as instructed.**

2 Mot à mot : *nous avons procédé à l'expédition...*

3 Mot à mot : *mais regrettons...*

4 Mot à mot : *... de vous informer que nous avons rencontré un problème.*

5 Notez le pluriel en anglais : **regulations :** *règlement(s), réglementation(s), dispositions.*

6 Notez l'emploi de la préposition **on.**

7 Notez la place en anglais du mot **cargo :** *cargaison.* Mot à mot : *à l'arrivée au port d'entrée... la cargaison.*

8 Mot à mot : **local** (adjectif) : *de l'endroit...*

9 Mot à mot : *parce que les caisses n'étaient pas standards.*

10 **To release :** *relâcher, libérer, rendre public,* d'où : *remettre.*

11 Mot à mot : *... sur les envois qui sont soumis à nouveau à un dédouanement.* Expression complète : **customs clearance.**

12 Mot à mot : *compte tenu du fait que vos marchandises doivent respecter une date limite stricte de livraison.*

13 **Recrating :** forme en **-ing** du verbe **to recrate :** *mettre, emballer dans une nouvelle caisse* (**crate :** *caisse à claire-voie*).

14 Mot à mot : *encourus.*

15 Notez l'emploi du plus-que-parfait en anglais. Mot à mot : *nous avions espéré.*

16 Notez le singulier en français.

17 Notez le passé composé français qui rend le plus-que-parfait anglais.

18 L'emploi de *en effet* permet de couper la phrase en français, et joue le même rôle que **because** (*parce que*) en anglais.

19 Notez aussi l'expression **certified true copy :** *copie certifiée conforme.*

20 Le mot **fee :** *honoraires (professions libérales), frais scolaires, souscription, cotisation, droit d'entrée dans un club* est rendu ici par *forfait* en raison du contexte. Mot à mot : *les autorités douanières ont imposé leur prix standard pour le traitement de documents en langues étrangères.*

21 Sous-entendu : *des marchandises.*

22 Les guillemets indiquent qu'il s'agit du rappel d'une clause du contrat.

23 Mot à mot : *pour remboursement.*

24 Mot à mot : *en souffrance,* d'où : *à venir.*

1. To facilitate despatch we require completion of the enclosed shipping forms.
2. Through Bs/L will be made out to cover transhipment of the goods.
3. All charges are payable by us and the B/L has been marked "freight prepaid".
4. Customs clearance difficulties are expected to delay delivery.
5. Drawback will be paid once the import licence and certificate of origin for non-dutiable goods have been presented.
6. Warehousing is charged for on a sliding scale based on volume.
7. In principle, goods from non-EEC countries are dutiable.
8. Import quotas for goods of this type are likely to be exceeded.
9. Shipments left in bond may be re-exported without being subject to duty.
10. Payment of duty may be deferred until you are ready to take the goods out of bond.
11. An ad valorem duty will be levied on this type of goods.

---

1. *Afin de faciliter nos envois, nous vous prions de remplir les formulaires ci-joints concernant les instructions d'expédition.*
2. *Nous établirons des connaissements directs qui couvriront le transbordement des marchandises.*
3. *Nous prenons en charge tous les frais et avons porté sur le connaissement la mention « fret payé (d'avance) ».*
4. *Il est probable que des difficultés en cours de dédouanement retarderont la livraison.*
5. *Le drawback sera payé dès présentation de la licence d'importation et du certificat d'origine correspondant à des marchandises non imposables.*
6. *Les frais d'entreposage suivent un tarif progressif établi en fonction du volume.*
7. *En règle générale, les marchandises provenant de pays n'appartenant pas à la C.E.E. sont imposables.*
8. *Il est probable que le contingentement des marchandises de ce type sera dépassé.*
9. *Il est possible de réexporter les marchandises sous douane sans payer de taxe.*
10. *Il vous est permis de payer la taxe quand vous sortirez les marchandises de l'entrepôt.*
11. *Les marchandises de ce type seront soumises à un droit* ad valorem.

Messieurs,

Nous avons bien reçu votre télex du 11.8 concernant votre ordre n° 3221.

Comme nous avions déjà procédé à l'expédition des marchandises, nous avons donné consigne à notre agent à... de les faire mettre en entrepôt sous douane.

Bien entendu, nous avons immédiatement entrepris les démarches nécessaires pour obtenir une homologation conforme aux nouvelles normes de sécurité qui viennent d'être mises en vigueur dans votre pays.

Nous acceptons de prendre à notre charge les frais supplémentaires de manutention.

En ce qui concerne les frais d'entreposage, nous demandons une renégociation des termes du contrat en fonction de cette nouvelle situation, et en conformité avec la clause 22.

Nous vous confirmons notre entretien téléphonique du 16.11.

Votre transporteur pourra procéder au chargement des marchandises qui lui seront remises sur présentation du warrant dès que le règlement du droit spécifique aura été effectué.

DIFFÉRENCES D'ORTHOGRAPHE ENTRE L'ANGLAIS BRITANNIQUE ET L'ANGLAIS AMÉRICAIN (suite)

En anglais britannique, pour tous les verbes de deux syllabes terminés par **-el** ou **-el -al**, on redouble le **-l** aux formes en **-ing** et **-ed.**
En américain, ce redoublement n'a pas lieu lorsque l'accent tonique tombe sur la première syllabe.

G.B	U.S.
travelled, travelling	**traveled, traveling**
totalled, totalling	**totaled, totaling**

Dear Sirs,

We acknowledge receipt of your telex of 11th August regarding[1] your order No. 3221.

As your order has already been sent off[2], we have instructed[3] our agent in... to deposit the goods in a bonded warehouse[4].

We have, of course, made a reapplication[5] for homologation in respect of the new safety standards which are now applicable[6] in your country.

We are willing to meet[7] the additional handling costs but, given the new situation[8], we must request a renegotiation of our agreement concerning warehousing costs as covered by clause 22 of our contract[9].

This is to confirm our telephone conversation of 16th November[10].

Your carrier will be able to proceed with the loading of the goods which will be released[11] to him on presentation of the warrant[12] and once specific duty[13] has been paid.

DIFFÉRENCES D'ORTHOGRAPHE ENTRE L'ANGLAIS BRITANNIQUE ET L'ANGLAIS AMÉRICAIN (suite)	
G.B.	U.S.
cheque	check
traveller's cheque	traveler's check
catalogue	catalog
programme	program
to fulfil	to fulfill
licence	license
defence	defense
offence	offense

1 Ou **concerning.**

2 Mot à mot : *comme votre commande a déjà été envoyée.*

3 **To instruct somebody to do something :** *charger quelqu'un de faire quelque chose, donner des instructions à quelqu'un pour qu'il...*

4 *Entrepôt en douane,* ou *sous douane :* entrepôt où sont déposées provisoirement les marchandises pour lesquelles les droits de douane ne sont pas acquittés. Aussi appelé *entrepôt réel* s'il appartient à l'administration des douanes.

5 **To apply :** *s'adresser à, faire une demande* (mais aussi *faire acte de candidature*). **An application :** *une demande* (aussi *demande d'emploi*). **Reapplication :** *nouvelle demande.*

6 **Which are** peut être sous-entendu. Variantes : **now in force ; now to be enforced.**

7 **To meet** signifie souvent *faire face à, honorer.* **To meet one's commitments :** *faire face à, honorer, ses engagements.*

8 Mot à mot : *étant donné la nouvelle situation.*

9 Mot à mot : *nous devons demander une renégociation de notre accord concernant les frais d'entreposage tels qu'ils sont couverts par la clause 22 de notre contrat.* Notez que *les termes du contrat* se dira : **the terms of the contract,** et que *aux termes du contrat, aux termes de la clause 4* pourra se traduire par : **under the contract, under clause 4.**

10 Évitez d'écrire dans une lettre en anglais des groupes du genre *11.8.81 :* en anglais britannique cela serait bien le 11 du 8e mois, mais en américain, ce serait compris comme étant le 8 du onzième mois.

11 ou : **surrendered.**

12 Titre délivré lors d'un dépôt de marchandises en entrepôt et dont la possession confère un droit de propriété sur celles-ci.

13 Droit forfaitaire portant sur un type de marchandise ; par opposition aux droits *ad valorem*, proportionnels au prix des marchandises.

On utilisera la formule de salutation **Sir,** (U.S. **Sir :**) dans une lettre officielle adressée à un fonctionnaire, au représentant d'une administration.

to encounter : *rencontrer (une difficulté).*

regulation : *règlement, réglementation, règle.*

port of entry : *port de débarquement.*

customs officials : *douaniers, fonctionnaires des douanes.*

to impound : *confisquer, saisir, mettre en fourrière.*

to release : *relâcher, mettre en circulation, remettre.*

fee : a) *droit, redevance ;* b) *honoraires.*

(customs) clearance : *dédouanement.*

delivery deadline : *date limite de livraison.*

to meet a deadline : *respecter un délai.*

to incur : *encourir.*

spares : *pièces détachées, pièces de rechange.*

to hold up : *retenir.*

certified translation : *traduction certifiée conforme.*

addressee : *destinataire (lettre).*

to expedite : *activer, accélérer.*

duty paid price : *prix « marchandises dédouanées ».*

reimbursement : *remboursement.*

outstanding : a) *en souffrance ;* b) *remarquable.*

transhipment : *transbordement.*

specific duty : *droit spécifique.*

drawback : *drawback ;* c'est le remboursement total ou partiel des droits perçus à l'importation avant une réexportation ; le système de l'admission temporaire prévaut en France.

warehousing : *entreposage.*

sliding scale : *échelle mobile, tarif progressif.*

import quota : *contingent, quota, contingentement.*

in bond : *en entrepôt sous douane, en entrepôt réel.*

to defer : *remettre à plus tard.*

to levy : *lever (un droit).*

to instruct : *charger, donner des instructions.*

application : *demande.*

safety standard : *normes de sécurité.*

warrant : *warrant, certificat d'entrepôt, bulletin de dépôt.*

VOCABULAIRE
COMPLÉMENTAIRE

entry permit : *permis d'entrée, autorisation d'entrée.*

to fill in (up, out) a form : *remplir un formulaire.*

tick the appropriate box : *cochez la case appropriée.*

■ Traduire

Nous accusons réception des marchandises que nous vous avions commandées il y a 4 mois (notre ordre XYZ en date du...) et qui ont été livrées hier à notre entrepôt.

Les articles correspondent exactement à l'avis d'expédition. Ils sont en parfait état et répondent à notre attente.

Mais avant de passer une nouvelle commande, nous aimerions recevoir l'assurance que la date de livraison pourra être honorée.

En effet, tout retard nous fait perdre des ventes, et il nous semble que votre transitaire aurait pu éviter les difficultés de dédouanement sur la présente livraison en respectant la nouvelle réglementation sur l'emballage.

Nous confirmons d'ailleurs que, si nous avons exceptionnellement accepté de prendre à notre charge les coûts supplémentaires de manutention, nous ne sommes pas disposés à régler les frais d'entreposage en douane.

CORRIGÉ

■

We acknowledge receipt of the goods we ordered from you 4 months ago (our indent XYZ dated...) which were delivered to our warehouse yesterday.

The items tally with (check with) the dispatch note. They are in perfect condition and up to our expectations.

But before we place a new order (placing a new order ; reordering) we have to receive assurances that the delivery date (deadline) can be met.

We must emphasize that late delivery costs us sales, and we feel that in the present circumstances your forwarding agent might have avoided customs clearance difficulties by complying with the new packing regulations (regulations on packing).

We also wish to confirm that, if we have exceptionally accepted to meet the additional handling costs, we are not prepared to settle the bond fees.

XIII

CONFIRMATION OF DELIVERY ARRIVAL OF SHIPMENT

ACCUSÉ DE RÉCEPTION DE LIVRAISON

Le client accuse réception
de la livraison et exprime sa satisfaction,
signale d'éventuelles erreurs ou
émet des réserves sur la qualité et l'état
des marchandises.

We have today received notification that our Caen warehouse has taken delivery of the first two items on our order No. 2041 together with the replacements for the damaged items of our order No. 2036.

We trust that the promised shipment of garden implements, still outstanding, will follow shortly.

Our order 5859H 54 Programmable calculators.

The items in the above order No. arrived today in good condition, the packing list checked with the invoice. We are satisfied with the quality of the items and expect to place a repeat order with you within a few days.

We appreciated your prompt handling of our urgent order, the aluminum fittings were delivered today. Invoice and mailing checked.

We hope to do business with you again.

We are happy to confirm reception of the novelty goods ordered 3 months ago (items 5-12 of our trial order No. 4911). The quality of the order is quite up to our expectations but we must emphasize that late delivery costs us sales.

L'avis de réception par nos entrepôts[1] de Caen des deux premiers[2] articles de notre commande n° 2041, ainsi que de ceux que vous nous avez envoyés en remplacement des articles endommagés de notre commande n° 2036, nous parvient ce jour[3].

Nous sommes certains[4] que l'envoi prévu[5] de matériel[6] horticole ne saurait tarder[7].

Objet[8] :
Notre commande n° 5859 H : 54 calculatrices programmables.

Nous avons bien reçu les articles qui figurent dans la commande mentionnée ci-dessus et qui nous sont parvenus en parfait état[9]. Le colisage[10] correspond[11] à la facture et la qualité des produits nous apporte toute satisfaction[12].

Vous pouvez donc espérer[13] un ordre renouvelé de notre part[14] dans un bref délai[15].

Nous avons tout particulièrement apprécié la rapidité avec laquelle vous avez exécuté notre commande[16]. La livraison des accessoires en aluminium a été effectuée ce jour même[17]. La facture et l'expédition[18] sont en parfait accord.

Dans l'espoir de traiter avec vous[19], nous vous prions...

Nous sommes heureux de vous confirmer réception des articles de nouveauté dont nous vous avions passé commande il y a 3 mois (numéros 5 à 12 de notre commande à l'essai n° 4911).

La qualité de la livraison[20] répond entièrement à notre attente[21] ; cependant, nous sommes dans l'obligation d'attirer votre attention sur les inconvénients que nous causent les retards de livraison[22].

1 Notez l'emploi du pluriel en français.

2 Ordre des mots en anglais : **first two.**

3 L'ensemble de ce paragraphe a été transposé. Mot à mot : *nous avons reçu aujourd'hui avis que notre entrepôt de Caen a reçu livraison des deux premiers articles de notre ordre n° 2041 avec les (articles) de remplacement pour les articles endommagés de notre commande n° 2036.*

4 **To trust :** *avoir confiance.*

5 **Shipment :** *expédition (par mer, terre, air...)* d'où : *envoi.* **Promised :** *promis,* d'où : *prévu,* ce qui rend aussi **still outstanding :** *encore en souffrance, en attente.*

6 **Implement :** *appareil, matériel, outil.*

7 Mot à mot : *suivra bientôt.*

8 Usage G.B. : au-dessous de la salutation. U.S. : au-dessus.

9 Mot à mot : *les articles de la commande en référence ci-dessus sont arrivés aujourd'hui en bon état.*

10 Il vaut mieux commencer ici une nouvelle phrase.

11 **To check :** *contrôler, vérifier* d'où *correspondre.*

12 Mot à mot : *nous sommes satisfaits de la qualité des articles.*

13 Mot à mot : *et espérons...*

14 Mot à mot : *... passer (auprès de vous) une nouvelle commande.*

15 Mot à mot : *dans quelques jours.*

16 Mot à mot : *nous avons apprécié votre traitement rapide de notre commande urgente.*

17 Notez la coupure de la phrase en français ; mot à mot : *les accessoires en aluminium* (notez l'orthographe américaine ; en anglais britannique : **aluminium**) *ont été livrés aujourd'hui.*

18 **Mailing :** *envoi (par la poste).*

19 Mot à mot : *nous espérons traiter avec vous à nouveau.*

20 **Order :** *commande* (sous entendu, *reçue*), d'où : *livraison.*

21 Mot à mot : *est tout à fait à la hauteur de nos espérances.*

22 Mot à mot : *mais nous devons souligner qu'une livraison en retard nous coûte des ventes.*

1 We have just taken delivery of the consignment of...

2 We are happy to confirm that the first batch delivered tallied exactly with the advice note.

3 We would advise your packers to use stronger cartons.

4 The following items from our order No. 0957 were just delivered to our stores.

5 We are pleased to inform you that our trial order has arrived in perfect condition.

6 We hope to be in a position to re-order shortly.

7 We have just received the shipping documents and taken delivery of the goods which arrived in port aboard the MV Oyster.

8 The bulk of the order was picked up by our van from the... docks yesterday.

9 The consignment was duly received last evening.

10 We hasten to acknowledge reception of the outstanding items on our order No. ...

---

1 *Nous venons de prendre livraison de votre envoi comprenant...*

2 *Nous sommes heureux de vous confirmer que le premier lot livré correspond parfaitement à l'avis d'expédition.*

3 *Nous conseillons à votre service d'emballage d'utiliser des boîtes en carton plus solides.*

4 *Les articles ci-dessous correspondant à notre commande n° 0957 viennent d'être livrés à nos entrepôts.*

5 *Nous avons le plaisir de vous informer que notre commande à titre d'essai nous est parvenue en parfait état.*

6 *Nous espérons être en mesure de vous passer une commande (identique) prochainement.*

7 *Nous venons de recevoir les pièces d'embarquement et vous accusons réception des marchandises livrées à bon port à bord du navire Oyster.*

8 *Notre camionnette (fourgonnette, camion) a pris hier livraison de l'ensemble des marchandises aux docks...*

9 *Nous avons bien reçu notre expédition hier soir.*

10 *Nous accusons réception des articles qui restaient à expédier et correspondant à notre commande n° ...*

Nous venons de recevoir les marchandises que nous vous avions commandées le 4 septembre, ainsi que votre facture pour la somme de …

La livraison est conforme, à l'exception de deux caisses numérotées 727 et 728 et contenant des abat-jour qui ne figuraient pas sur notre commande et n'apparaissent d'ailleurs pas dans votre facture. Nous les tenons par conséquent à votre disposition.

Nous sommes heureux de vous signaler que les jupes de tweed que nous avons commandées en juillet (notre ordre n° 424 K) sont arrivées en parfait état et à la date prévue.

Cependant, nous attendons toujours la livraison des châles en tartan dont l'avis d'expédition nous est parvenu il y a 3 semaines. Pouvez-vous nous confirmer qu'ils ont bien été expédiés ?

Comme vous le savez, ces articles doivent être exposés dans le cadre de notre « Mois de l'Écosse », durant lequel nous souhaitons promouvoir un certain nombre d'ensembles tout en laine à des prix moyens.

Je vous confirme notre conversation téléphonique du 7.9.199.. au sujet de votre dernier envoi.

Compte tenu des délais qu'impliquerait une nouvelle commande, nous sommes prêts à accepter les marchandises (voir liste jointe), à l'exception des appliques en fer forgé mais nous insistons sur la nécessité d'un rabais pour qualité inférieure.

N'oubliez pas qu'en anglais, chaque fois qu'une action est passée et datée (ou précisée dans le temps), l'emploi du prétérit est obligatoire :

les marchandises que nous avons commandées le mois dernier...

the goods we ordered last month...

We have just received the goods which we ordered[1] on September 4th, together with your invoice for...

The consignment is as per order[2], except for two cases numbered 727-8[3], containing lamp-shades, which did not figure in our order, and are not listed in your invoice either[4].

We are accordingly holding them at your disposal.

We are pleased to inform you that the tweed skirts ordered in July (our indent[5] No. 424 K) have arrived in perfect condition and on time[6]. However we are still awaiting delivery[7] of the tartan shawls for which the advice note was received 3 weeks ago. Can you confirm that they were indeed[8] despatched ? As you know[9], these items are to feature in our "Scottish month" when[10] we hope to lunch[11] a number of mid-price all wool ensembles.

I wish to confirm our telephone conversation of September 7 199.. concerning your latest shipment.

Owing to the delays involved in re-ordering[12], we are prepared to accept the substandard[13] goods (see the attached[14] list) with the exception of the wrought-iron wall-lamps, but must insist on a reduction in price[15].

Dans l'usage britannique et américain, la signature vient au-dessus du nom du signataire, lui-même placé au-dessus de son titre ou de sa fonction.

1 On préfère ici le prétérit **ordered.** Le plus-que-parfait **had ordered** n'ajouterait rien et serait même gauche.

2 Ou : **in conformity with the order. As per** est aussi utilisé dans les expressions **as per invoice** : *selon, d'après facture.* **As per sample** : *conforme à l'échantillon.*

3 Si cette formulation risque d'être ambiguë, écrire **727-728** ou même **727 and 728.**

4 Mot à mot : *non plus.*

5 **Indent** désigne spécifiquement une *commande reçue de* ou *passée sur l'étranger.* C'est un terme usuel dans le domaine du commerce extérieur.

6 Remarquez la nuance de sens entre **in time** : *à temps* et **on time** : *à l'heure, à la date prévue.*

7 A la différence de **to wait** (construit avec la préposition for), **to await** est surtout employé en langue écrite avec un complément d'objet plus souvent que de personne. Maniez ce verbe avec précaution, en le réservant à des formules toutes faites du genre : **to await delivery, to await completion.**

8 **Indeed** : *en fait, réellement.*

9 Notez l'absence de complément en anglais (*le* n'est pas traduit). De même : *comme nous le pensions* : **as we thought** ; *comme nous le craignons* : **as we fear,** etc.

10 **When** sera souvent employé là où le français emploie *où* dans un sens temporel : *à une époque où...,* **at a time when...** ; *le jour où* : **the day when,** etc.

11 Mot à mot : *lancer.*

12 Autre solution : **entailed by re-ordering.** Remarquez bien le changement de préposition !

13 **Substandard** : *inférieur, qui ne répond pas aux normes.* Correspond au *pour qualité inférieure* qui vient à la fin de la lettre en français.

14 **Attached** : *annexé,* peut souvent être utilisé comme synonyme de **enclosed** : *joint, ci-joint.*

15 Notez l'emploi de la préposition **in.** De même : **a rise, an increase in prices** : *une augmentation de prix ;* **a drop, a fall in production** : *une baisse de la production.* Rabais aurait pu être traduit par **discount.**

notification : *notification.*

damaged : *endommagé.*

to trust : *faire confiance à, compter sur.*

we trust that... : *nous espérons que...*

implement : *outil (agricole, de jardinage).*

outstanding : *en retard, en souffrance.*

shortly : *(très) prochainement, sous peu.*

to check : *a) vérifier ; b) (se) correspondre.*

repeat order : *nouvelle commande, renouvellement de commande.*

to handle an order : *exécuter une commande, traiter une commande.*

mailing : *expédition (par la poste), envoi (par la poste).*

to do business with somebody : *faire des affaires avec quelqu'un.*

novelty goods : *articles de nouveauté.*

trial order : *commande à l'essai.*

to be up to expectations : *répondre à l'attente.*

to emphasize : *souligner, insister sur.*

batch : *lot.*

to tally with : *être en conformité avec.*

to re-order : *renouveler une commande, commander à nouveau.*

the bulk : *le gros, la plus grande partie.*

to pick up : *prendre livraison de, aller chercher.*

van : *camionnette, camion.*

duly : *dûment, comme prévu, en temps voulu.*

to hasten : *se hâter (de faire quelque chose).*

together with : *ainsi que, avec.*

as per order : *conforme à la commande.*

to await delivery : *attendre la livraison.*

to launch : *lancer.*

to involve : *impliquer.*

substandard : *de qualité inférieure, qui ne répond pas aux normes.*

to attach : *joindre.*

VOCABULAIRE
COMPLÉMENTAIRE

consignor, consigner : *expéditeur.*

consignee : *destinataire.*

sender : *expéditeur.*

sendee : *destinataire.*

A ■ Compléter

1. The packing list checked... the invoice.
2. We shall place an order... you.
3. The quality is... our expectation.
4. This can only discourage us... placing further orders.
5. The items have been delivered... our stores.
6. We hope to be... position to re-order shortly.
7. The goods will be picked... from the docks.
8. The consignment is as... order.
9. We must insist on a reduction... price.
10. We have received your invoice... 200.

B ■ Traduire

a) *les articles que nous vous avons commandés.*
b) *les marchandises que nous vous avons achetées.*
c) *les produits que nous vous avons vendus.*
d) *l'envoi que vous nous avez expédié.*

CORRIGÉ

■

1. with	6. in a
2. with	7. up
3. up to	8. per
4. from	9. in
5. to	10. for

a) the articles (items) we ordered from you.
b) the goods we bought (purchased) from you.
c) the products you sold us (to us).
d) the shipment (consignment) you sent us (to us).

ATTENTION !

Un droit de 2,5% : **a 2.5% duty.**
Remarquez que la virgule française est ici remplacée par un point.
Remarquez aussi que *0,5%* peut s'écrire **0.5%** ou **.5%**.

XIV

INVOICING
AND PAYMENT

FACTURATION
ET PAIEMENT

Le fournisseur
adresse au client la facture ou le relevé de compte,
et lui en demande le règlement.
Il précise éventuellement
le mode de règlement souhaité.
Le client écrit pour annoncer ou accompagner
le règlement.
Le fournisseur accuse réception
du versement.

Invoicing

We enclose our pro forma invoice to the amount of
FF 2,327 as well as the final invoice for your
indent 402 P on payment of which we will instruct
our agents to forward your order. Owing to teething
troubles resulting from the installation of a new
computer we would ask you to verify all details of
the invoices carefully and give us immediate notice
of any error.

Remittance

We have pleasure in enclosing our International
Money Order for £93.25 p to meet the small amount
outstanding on your invoice No. 598. We calculate
that this sum clears the account.

We have today arranged for the sum of $ 985 to be
transferred to the Bank of Hongkong for your
credit. This sum is in settlement of your invoice
No. 4762 less the $1\frac{1}{2}$ % agreed for payments effected
under 30 days.

Receipt of payment

We are pleased to confirm receipt of your Bill of
Exchange for the amount shown on our statement. We
hope to have the pleasure of doing business with you
again.

Facturation

Nous vous adressons ci-joint[1] notre facture pro forma d'un montant de FF[2] 2[3]327, ainsi que notre facture pour votre ordre 402 P.

Dès règlement de cette dernière[4] nous demanderons[5] à nos agents transitaires[6] d'expédier votre commande.

[7]En raison des problèmes d'adaptation[8] qui ont suivi l'installation de notre[9] nouvel ordinateur, nous vous prions de vérifier tous les détails de ces factures et de nous aviser immédiatement[10] de toute erreur de notre part[11].

Règlement[12]

Veuillez trouver ci-joint un mandat international d'un montant de GBP 93,25 qui correspond au solde débiteur[13] de votre facture No. 598 et qui, selon nos calculs[14], doit régler notre compte.

Nous prenons ce jour toutes nos dispositions[15] pour qu'un transfert[16] de USD 985 soit porté[17] à votre crédit à la Banque de Hong-Kong. Cette somme vous est adressée en règlement[18] de la facture n° 4762, après déduction de l'escompte de[19] 1,5 % accordé pour tout paiement dans les 30 jours.

Accusé de réception de paiement

Nous accusons réception[20] de votre traite[21] correspondant au montant de votre dernier relevé de compte[22].

Avec l'espoir de toujours vous compter parmi nos clients[23], nous vous prions de croire, Monsieur, en l'expression de nos sentiments dévoués.

1 Mot à mot : *nous joignons notre facture pro forma* (voir définition en vocabulaire).

2 Normes AFNOR. Noter la place de FF.

3 L'espace en français correspond à la virgule pour indiquer le millième en anglais.

4 Début d'une nouvelle phrase en français. Mot à mot : *au paiement de laquelle.*

5 Mot à mot : *nous donnerons nos instructions...*

6 Le verbe **to forward** permet de traduire par *agents transitaires.*

7 Notez la présentation : nouveau paragraphe.

8 Mot à mot, **to teeth :** *percer ses dents* d'où *s'adapter...*

9 Notez l'emploi en français de l'adjectif possessif.

10 Mot à mot : *et de nous donner avis immédiat.*

11 Mot à mot : *de n'importe quelle erreur.* Renforcé en français par *de notre part.*

12 Mot à mot : *envoi (d'une somme) en règlement.*

13 Mot à mot : *pour faire face au petit montant en souffrance.*

14 Mot à mot : *nous calculons que cette somme règle le compte.*

15 Mot à mot : *nous avons aujourd'hui pris des dispositions (des mesures) pour...*

16 *Faire transférer* d'où : *le transfert.*

17 Mot à mot : *...pour que la somme de USD 985 soit transférée...* (notez la construction avec le verbe à l'infinitif).

18 Mot à mot : *est en règlement.*

19 *Escompte de caisse pour paiement au comptant.*

20 Mot à mot : *nous avons le plaisir d'accuser réception de...*

21 **Bill of Exchange :** *lettre de change, traite.*

22 Formule complète : **statement of account** = *relevé de compte* (client, banque).

23 Mot à mot : *nous espérons avoir le plaisir de traiter avec vous encore.*

1 We enclose an invoice amounting to... covering goods sent against your order No. 28994.

2 We enclose our statement of account for all transactions up to the end of the first quarter of the tax year.

3 Please let us have your cheque...

4 Please arrange for us to draw on you...

5 A quarterly statement of account is sent to all customers.

6 We have today transferred the agreed 10 % deposit to your bank.

7 We have arranged for settlement of goods received to date, the amount outstanding will be paid on receipt of the balance of our order.

8 This is to advise you that our bank has been instructed to remit the sum left uncleared.

9 Our bank has just received the first instalment on the contract.

10 Your remittance was credited to our account.

---

1 *Veuillez trouver ci-joint la facture d'un montant de... correspondant aux marchandises expédiées selon votre ordre n° 28994.*

2 *Veuillez trouver ci-joint le relevé de compte pour toutes les opérations effectuées jusqu'à la fin du premier trimestre de l'exercice fiscal.*

3 *Veuillez nous faire parvenir un chèque...*

4 *Nous vous serions obligés de prendre les dispositions afin que nous puissions tirer sur vous...*

5 *Nous envoyons un relevé trimestriel à tous nos clients.*

6 *Nous avons, comme convenu, effectué ce jour le transfert de la provision de 10 % à votre banque.*

7 *Nous avons pris les dispositions pour vous régler les marchandises reçues à ce jour ; le solde vous sera versé dès réception du reste de la commande.*

8 *Nous vous avisons que nous avons donné l'ordre à notre banque de vous virer la somme restant due.*

9 *Notre banque vient de recevoir le premier versement correspondant à notre contrat.*

10 *Votre règlement a été crédité à notre compte.*

Cher Monsieur,

Nous avons bien enregistré votre abonnement. Nous espérons que vous apprécierez l'avantage de recevoir notre publication tous les mois, ainsi que l'économie réalisée.

La facture ci-jointe comporte une offre spéciale pour abonnement sur une plus longue période avec un coût unitaire encore plus réduit. En réglant la somme correspondante – au lieu du prix initialement proposé – vous pouvez, si vous le souhaitez, réaliser des économies encore plus substantielles.

Votre règlement peut mettre jusqu'à six semaines à transiter par les circuits postaux et bancaires avant d'être enregistré sur nos fichiers informatisés, aussi nous vous serions reconnaissants de ne pas en différer l'envoi.

Vous pouvez d'ailleurs accélérer l'opération et éliminer le risque d'erreur, en veillant à ce que votre numéro de compte (qui figure au-dessous de votre nom et de votre adresse sur la facture) accompagne votre paiement – qu'il soit opéré par chèque bancaire, par chèque postal ou par mandat postal.

Nous vous remercions d'avance et vous prions...

Nous vous adressons votre relevé trimestriel pour la période du 1.4.199.. au 30.6.199..

Nous vous serions obligés de bien vouloir nous couvrir de cette somme dans les meilleurs délais.

Veuillez trouver ci-joint un chèque d'un montant de... tiré sur la banque... en règlement de votre facture n°...

Nous vous en souhaitons bonne réception.

Dear Subscriber[1] :

Thank you very much for your order [2]. We hope that you
enjoy the advantages of receiving our magazine
regularly every month – as well as the lower cost of
a subscription [3].

On the enclosed invoice, you will note a special
longer term offer at an even lower price per copy [4].
By paying this amount – instead of the original
price offered – you may if you wish, extend your
subscription savings [5].

Since it can sometimes take as long as six weeks for
your payment to pass through postal and banking
channels [6] and be recorded on our computerized
records, please do not delay sending us your
remittance [7].

And you can help speed the process [8] – and eliminate
errors – by doing us a small favor [9] : please make
sure that your account number (below your name and
address on the invoice) accompanies your payment
– whether bank check, giroform, or postal money
order.

Cordially[10],

We enclose your statement[11] for the second quarter
of the current year[12].

We would be obliged if you would arrange for this
amount to be paid over[13] as soon as possible[14].

Please find enclosed a cheque for £... drawn on the
Bank of ... in settlement of your invoice No. ...

1 Mot à mot : *cher abonné.* La lettre est rédigée en américain, comme l'indiquent les deux points après **subscriber.**
   Plus qu'une traduction, nous avons voulu donner ici un exemple de réécriture, avec des constructions différentes et une réorganisation des différents éléments de la lettre.

2 Mot à mot : *merci beaucoup pour votre commande.*

3 Mot à mot : *ainsi que le coût plus bas d'un abonnement.*

4 Mot à mot : *à un prix encore plus bas par numéro.*

5 Mot à mot : *étendre (augmenter) vos économies dues à l'abonnement.*

6 Mot à mot : *comme cela peut quelquefois prendre jusqu'à 6 semaines pour que votre paiement passe par les circuits postaux et bancaires.*

7 Mot à mot : *s'il vous plaît, ne tardez pas à nous envoyer votre versement (ne retardez pas l'envoi de...).*

8 Mot à mot : *et vous pouvez contribuer (aider à) à accélérer le processus.*

9 Mot à mot : *en nous faisant une petite faveur.*

10 Mot à mot : *Cordialement,* compense, par sa chaleur, la non-traduction de *nous vous remercions d'avance.*

11 **Statement :** pour **statement of account.**

12 Mot à mot : *le 2ᵉ trimestre de l'année en cours.* Attention : les Britanniques se réfèrent tantôt à l'année calendaire (**calendar year**), qui commence le 1ᵉʳ janvier, tantôt à l'année fiscale (**fiscal year**) qui commence le 1ᵉʳ avril.
   Il peut donc être prudent de mentionner les dates de début et de fin de période (**the quarter beginning on... and ending on...**).

13 Variantes : **for this amount to be settled, for this account to be paid.**

14 Variante : **as early as possible.**

En deux exemplaires : **in duplicate.**
En trois exemplaires : **in triplicate.**
En quatre exemplaires : **in quadruplicate.**
Envoyez-nous la facture en X exemplaires.
Please send us X copies of the invoice.

invoicing : *facturation.*

pro forma invoice : *facture pro forma* (devis établi par le vendeur en vue de permettre à l'acheteur d'obtenir une licence d'importation ou l'autorisation d'engager une dépense).

to instruct somebody to do something : *donner des instructions à quelqu'un pour qu'il fasse quelque chose.*

to forward : a) *expédier ;* b) *faire suivre.*

computer : *ordinateur.*

remittance : *versement.*

International Money Order : *mandat international.*

outstanding : *en souffrance, non réglé, impayé.*

to clear an account : *solder un compte.*

quarter : *trimestre.*

tax year = fiscal year : *année fiscale.*

quarterly : *trimestriel.*

statement of account : *relevé de compte.*

deposit : *arrhes, provision, acompte.*

to date : *(jusqu') à ce jour.*

balance : *solde.*

instal(l)ment : *versement (dans le cadre d'un système de règlement par versement échelonnés), mensualité.*

monthly instalment : *mensualité.*

subscriber : *abonné.*

subscription : *abonnement.*

copy : a) *copie, double ;* b) *numéro (journal, revue, etc.).*

savings : *économies.*

computerized : *informatisé.*

records : *archives, dossiers.*

to delay : *retarder.*

to speed (up) : *accélérer.*

giroform : *chèque postal.*

to pay over : *régler.*

VOCABULAIRE
COMPLÉMENTAIRE

currency : *devise(s) ; monnaie.*

to owe : *devoir.*

to credit : *créditer.*

to débit : *débiter.*

debit note : *bordereau de débit.*

credit note : *facture d'avoir.*

Money Order : *mandat postal, mandat-lettre.*

free of charge : *gratuitement.*

cash with order : *règlement à la commande.*

overdue : *en retard, en souffrance.*

■ Traduire

1. Our letter of April 4, 199.., copy enclosed, lists the Peter S. Fowler debit notes from November 199.. through March 31, 199.. in the total of $ 313.00.

2. Balance in our favor as of June 30, 199.. : $ 1,394.00.
   If you agree with the above reckoning, please instruct your banker to wire the... Bank the sum of $ 1,394.00 fort the account of...

3. Means of payment : by bank check, giroform or Money Order enclosed with (attached to) the order.

CORRIGÉ

■

1. Notre lettre du 4 avril 199.., dont nous joingons copie, indique que vous êtes débiteur vis-à-vis de Peter S. Fowler pour la période de novembre 199.. au 31 mars 199.. d'une somme totale de : USD 313,00.

2. Solde en notre faveur à la date du 30 juin 199.. : 1 394,00 dollars. Si vous êtes d'accord avec le calcul ci-dessus, donnez à votre banquier des instructions pour qu'il vire à la banque... la somme de 1 394,00 dollars au bénéfice du compte de...

3. Mode de paiement : par chèque bancaire, chèque postal ou mandat-lettre joint à la commande.

> ● Le *dollar* ($) américain est divisé en 100 **cents.**
> ● Pièces : le **quarter** vaut *1/4 de dollar*, c'est-à-dire 25 **cents.**
> Le **dime** vaut *1/10 de dollar*, c'est-à-dire 10 **cents** ; le **nickel**, 5 **cents** ; le **penny**, 1 **cent**.
> On dira **ten dollars and fifty cents** ou **ten fifty** ($ 10.50).

> La *livre anglaise* (**the British Pound**) est divisée en 100 pence (abréviation **p.**).
> Le **penny** est une pièce d'une valeur de **1 pence.**
> La **guinea** vaut *1 livre 5 pence* (**1.05** ou **105 p.**) et est seulement utilisée pour formuler le prix de services ou de produits coûteux.

XV

COLLECTION OF DEBT

PROBLÈMES DE RECOUVREMENT

Le recouvrement
peut occasionner de nombreux problèmes,
soit que le débiteur
manque de liquidités et
demande des délais,
soit qu'il conteste la somme réclamée.
Les difficultés peuvent aussi avoir pour cause
des raisons techniques
(banque, réglementation internationale).
Le créancier
épuisera les autres moyens
avant d'en venir
aux mesures de contentieux.

When we granted you open account terms it was understood that quarterly settlements would be settled promptly.

We feel obliged to enquire when you envisage sending your remittance in settlement of your outstanding account.

Sincerely,

Much to our surprise, our draft on you dated... and due... was just returned dishonored by our bank. Your last letter assured us that payment would be made in the period... thru... for sure.

We are requesting our bank to re-present the draft but in the meantime feel that an explanation is in order on your part.

We thank you for your letter concerning the dishonoured draft.

As you know, our policy has always been to settle bills promptly. We very much regret that last minute difficulties in obtaining credit facilities due to new local export credit restrictions made it impossible for us to arrange for your draft to be honoured in full. We are obliged to ask you to allow us an extra 30 days in which to obtain the necessary permission for foreign payments exceeding 1,000,000 pesetas.

We are sending you a remittance for half the amount of your invoice and are confident that you will be able to draw on us for the balance at 30 ds.

We would be grateful for your understanding in this matter.

Nous étions convenus[1] à l'ouverture de votre compte[2] que vous régleriez dans les meilleurs délais vos relevés trimestriels[3].

Nous nous voyons forcés de vous demander de nous préciser la date[4] du prochain règlement[5] de votre solde débiteur[6].

Veuillez croire, Cher Monsieur[7],...

Nous avons été très surpris[8] que la traite créée le...[9] que nous avions envoyée à l'acceptation pour l'échéance du... nous ait été renvoyée par notre banque pour non-acceptation[10]. Les termes de votre dernière lettre nous assuraient[11] que le paiement serait effectué entre le... et le ...[12].

Nous demandons à notre banque de présenter à nouveau cette traite. En outre, nous estimons qu'une explication de votre part s'impose[13].

Nous avons bien reçu[14] votre lettre concernant le non-paiement de votre traite.

Comme vous le savez, notre politique a toujours été de régler nos comptes dans les meilleurs délais. Cependant[15] les récentes restrictions imposées par notre gouvernement sur les crédits à l'exportation nous ont mis dans l'impossibilité d'obtenir les fonds nécessaires pour honorer votre traite en totalité ce que nous regrettons vivement. Nous nous voyons obligés de vous prier[16] de nous accorder un délai supplémentaire de 30 jours afin d'obtenir l'autorisation spéciale pour les paiements à l'étranger supérieurs à ESP 1 000 000.

Nous vous adressons le versement de la moitié du montant de votre facture et sommes certains que vous pourrez tirer sur nous à 30 jours pour le solde[17].

En vous sachant gré par avance de votre compréhension[18], nous vous prions...

1 **It was understood :** *il était entendu*, d'où : *nous étions convenus.*

2 Mot à mot : **when we granted you open account terms,** *lorsque nous vous avons accordé des conditions de compte ouvert.*

3 Mot à mot : *que les règlements trimestriels seraient payés (versés) rapidement.*

4 Le ton familier de cette lettre explique les tournures simples en anglais ; mot à mot : *nous nous sentons obligés de demander quand...*

5 Mot à mot : *quand vous envisagez d'envoyer votre versement en règlement.* Notez **to envisage + ing.**

6 Mot à mot : *de votre compte en souffrance.*

7 La formule finale, familière en anglais, appelle *Cher Monsieur.*

8 Mot à mot : *à notre grande surprise.*

9 Mot à mot : *notre traite sur vous.*

10 **Dishonored :** mot à mot : *non honoré* d'où *non-paiement, non-acceptation.* Orthographe américaine.

11 Mot à mot : *votre dernière lettre.*

12 **Thru = through ;** orthographe fréquente en américain. La tournure est elle-même américaine. On aurait en anglais britannique : **the period from... to...**

13 Mot à mot : *mais entre-temps nous pensons qu'une explication est dans l'ordre (naturel des choses) de votre part.*

14 Mot à mot : *nous vous remercions.*

15 L'ensemble de la phrase anglaise a été modulé. Mot à mot : *nous regrettons beaucoup que des difficultés de dernière minute pour obtenir des facilités de crédit, dues aux nouvelles restrictions sur les crédits à l'exportation dans notre pays, nous aient rendu impossible de prendre des mesures pour que votre traite soit entièrement payée.*

16 Mot à mot : *nous sommes obligés de vous demander.*

17 Variante plus loin du texte anglais : *en conclusion nous vous proposons les modalités de règlement suivantes : 50% de la facture par virement bancaire immédiat, le solde par traite acceptée à 30 jours.*

18 Mot à mot : *nous vous serions reconnaissants pour votre compréhension dans cette affaire.*

1 We wondered whether you could see your way to extending our credit terms.

2 We are paying your bill in part only as the supplementary bond fee does not enter into the terms of our agreement.

3 We apologize for the outstanding bill but are unable to settle owing to a temporary liquidity problem.

4 This will necessitate extending the letter of credit.

5 Because of serious fluctuations in your currency we must ask for all future invoices to be made out in $ US.

6 If you do not settle at once we shall have to have recourse to litigation (take legal proceedings).

7 The 3% discount for prompt payment should not have been deducted as you are in arrears.

---

1 *Nous nous demandons s'il vous serait possible de nous accorder un délai supplémentaire de paiement.*

2 *Nous ne payons qu'une partie de la facture puisque les droits supplémentaires d'entreposage sous douane ne sont pas inclus dans les termes de notre accord.*

3 *Nous vous prions d'excuser le non-paiement de votre traite que nous sommes dans l'impossibilité d'honorer en raison de problèmes temporaires de liquidités.*

4 *Cette opération entraînera obligatoirement une prorogation de validité de la lettre de crédit.*

5 *A la suite de fluctuations importantes de votre monnaie, nous sommes forcés de vous demander d'établir toutes vos factures en USD.*

6 *Faute de paiement immédiat, nous serons forcés de prendre les mesures contentieuses qui s'imposent.*

7 *L'escompte de caisse de 3% accordé pour paiement comptant n'aurait pas dû être déduit puisque votre solde était débiteur.*

L'anglais est de plus en plus utilisé pour les transactions internationales avec des non-Anglo-Saxons. On peut donc adopter l'orthographe anglaise ou américaine. Mais il est bon de maintenir une cohérence interne.
Éviter par exemple d'avoir dans la même lettre : **colour** (G.B.) et **canceled** (U.S.).
Par ailleurs, les américanismes **thru** pour **through, tonite** pour **tonight,** sont à manier avec précaution (langue familière).

Monsieur,

En réponse à votre lettre du ..., nous avons le regret de vous informer qu'il nous est impossible de vous accorder un délai supplémentaire.

Faute de paiement dans les délais stipulés, nous nous verrons dans l'obligation de remettre votre dossier à notre service du contentieux.

Monsieur,

Comme vous avez pu le constater depuis plusieurs années, nous avons toujours tenu à honorer nos factures avec la plus grande ponctualité.

Cependant, les dégâts provoqués par l'incendie de notre entrepôt de La Rochelle nous causent de graves problèmes de liquidités.

C'est pourquoi nous vous serions obligés de bien vouloir nous accorder un délai de paiement de 60 jours supplémentaires.

Messieurs,

Nous avons finalement pu organiser, avec un certain retard, l'expédition de votre commande à bord du cargo ... qui doit appareiller sous huit jours.

Ce navire fera escale à Tripoli et à Beyrouth, et le déchargement pourrait avoir lieu dans l'un ou l'autre de ces ports.

Cependant, en raison de ce changement de dispositions, nous vous serions reconnaissants de faire en sorte que le règlement puisse être opéré sur présentation des pièces d'expédition.

Dear Sir[1],

In reply to your letter of ... we must regretfully
inform you that we are unable to allow[2] you a further
extension of credit[3].

Failing[4] settlement within the stipulated time[5],
we will be obliged to put your case[6] in the hands of
our legal department.

Dear Sir,

As you will be aware[7], we have always made a point of
settling our accounts[8] promptly.

But the damage[9] caused by the fire in our warehouse
at[10] La Rochelle is creating serious liquidity
problems.

We would be grateful if you would allow us to delay
payment for[11] a further 60 days[12].

Dear Sirs,

After some delay, we have at last been able to
arrange shipment[13] of your order on board the
SS[14] ... which sails[15] in 7 days from this date.

The ship calls at Tripoli and Beirut and could
discharge at either port.

However in view of this modification to our
arrangements, we would be grateful if you would
arrange[16] for payment against presentation of the
shipping documents.

1 Même dans une lettre dont le ton est sec, comme ici, on emploiera **Dear Sir ; Sir** est réservé à la correspondance de type administratif (lettre à un fonctionnaire, par exemple).

2 **To allow** souligne mieux l'idée d'*octroyer*, d'*autoriser* que **to grant**, plus automatique.

3 Variante : **a further delay in payment.**

4 **To fail :** *échouer*, signifie aussi *ne pas avoir lieu, ne pas se produire.*

5 Variante : **time-limits.**

6 Variante : **your file,** *votre dossier.*

7 La traduction de *depuis plusieurs années* est difficile ici sans gaucherie. Si on tient à traduire cette précision, on pourra écrire : **Since we started placing orders with you a few years ago,** *depuis que nous avons commencé à vous passer des commandes il y a quelques années.*

8 Mot à mot : *régler nos comptes.*

9 **Damage,** collectif singulier ; *les dégâts sont importants :* **(the) damage is considerable.** N'est pluriel qu'au sens de dommages et intérêts. **To sue for damages,** *poursuivre en dommages et intérêts.*

10 **At** donne une indication plus « administrative » que **in.**

11 Notez bien cet emploi de *for.* De même : **the meeting was postponed for a week :** *la réunion a été retardée d'une semaine, remise à huitaine.*

12 Comprendre **a further period of 60 days.**

13 **Shipment** comme le français *expédition* a deux sens : *les marchandises expédiées,* ou, comme ici, *le fait d'expédier.*

14 **SS : steamship,** *vapeur.* Variante : **cargo-vessel.** Attention : l'anglais **cargo** signifie *cargaison.*

15 Variante : **due to sail,** *devant prendre la mer, en partance.*

16 La répétition **arrangement, arrange** est moins gênante qu'elle ne le serait en français.

Notez la variété des expressions correspondant à *engager des poursuites :* **to have recourse to litigation, to (under)take legal proceedings, to take legal action, to sue, to prosecute, to go to law, to go to court, to file a lawsuit, to bring an action against someone.**

open account terms : *compte ouvert.*

to envisage : *envisager.*

outstanding account : *compte en souffrance ; somme due.*

to dishonour a draft : *ne pas honorer une traite.*

to make a payment : *effectuer un paiement.*

policy : *politique, ligne de conduite.*

to settle a bill : *régler une note.*

to honour a draft : *honorer une traite.*

to allow : *accorder, octroyer ; permettre.*

to exceed : *dépasser.*

to draw on somebody : *tirer (une traite) sur quelqu'un.*

balance : *solde, reste.*

understanding : *compréhension.*

to extend credit terms : *accorder un (nouveau) délai de paiement, prolonger le délai de paiement.*

bond fee : *frais d'entreposage (en douane).*

to apologize : *s'excuser.*

to make out an invoice : *rédiger, libeller une facture.*

to take legal proceedings : *engager des poursuites.*

prompt payment : *paiement rapide, comptant d'usage.*

to deduct : *déduire.*

to be in arrears : *être en retard de paiement.*

legal department : *service du contentieux.*

damage : *dégâts.*

grateful : *reconnaissant.*

to sail : *naviguer, appareiller, prendre la mer.*

to call : *faire escale.*

VOCABULAIRE
COMPLÉMENTAIRE

to default : *manquer à ses engagements.*

to be in the red : *avoir un déficit, avoir un compte à découvert* ≠ **to be in the black.**

overdraft : *découvert.*

collection fee : *taxe de recouvrement.*

to meet a bill : *régler une note, honorer une facture.*

debtor : *débiteur.*

creditor : *créancier.*

Attention à **debt** qui signifie *créance* ou *dette* et à **loan** qui signifie *prêt* ou *emprunt*.

■ Traduire

1. Your letter of January 30, 199.., copy enclosed, acknowledges that as of October 31, 199.., there is a balance due us of...

2. Under these circumstances would you kindly forward your early remittance to clear the account to a more current date.

3. We were surprised to note that you have not met our bill in full.

4. It is 2 months since we sent you our invoice and we wonder when you intend paying.

5. We will be forced to cease granting open account terms unless your quarterly account is settled within 10 days.

6. We would point out that in your letter of April 6th you agreed to accept all delivery charges.

CORRIGÉ

■

1. *Dans votre lettre du 30 janvier 199.., dont nous joignons la copie, vous reconnaissez nous devoir la somme de ... à la date du 31 octobre 199.. (qu'il existe un solde créditeur en notre faveur...).*

2. *Dans ces conditions, pourriez-vous nous faire parvenir rapidement votre versement pour mettre votre compte à jour à une date plus récente.*

3. *Nous sommes surpris de noter que vous n'avez pas réglé la totalité de votre facture.*

4. *Cela fait deux mois que nous vous avons adressé notre facture et nous désirons savoir quand vous comptez opérer votre règlement.*

5. *Nous nous verrons dans l'obligation de résilier votre compte, si vous ne réglez pas dans un délai de 10 jours votre relevé trimestriel.*

6. *Nous vous signalons que votre lettre du 6 avril dernier mentionne votre accord à prendre à votre charge tous les frais de livraison sans exception.*

XVI

COMPLAINTS

RÉCLAMATIONS

Le client se plaint
d'une erreur ou d'un retard dans la livraison,
de la qualité ou de l'état
des marchandises, de leur non-conformité
à l'échantillon, etc.
Il refuse éventuellement la livraison,
demande l'arbitrage
d'un expert ou n'accepte de prendre
les marchandises que contre
une réduction de prix.

Dears Sirs,

Our order No. 1522

Re the above order that has just been delivered, we
are sorry to say that the quality of the DIY items
(Nos. 2041/3/4/5) is not up to your usual standard.
We are sure you will understand our disappointment.

It will be possible to retail the handyman's goods
eventually but only at a lower price. We must
therefore ask you to allow us a supplementary
discount of 10% on items 2041/3/4/5 or take them
back.

Gentlemen :

Your shipment was at last delivered from the air
freight terminal yesterday.

The number of cases checked with your advice note
but we were surprised to find that their contents
corresponded to item FFT of your catalogue and not
the 7 FT's we ordered. The mix-up is likely due to
misreading our order sheet. We are holding the
FFT's at your disposal but must urgently request
that you let us have the items we did order without
delay.

Dear Sir,

We are at a loss to understand your invoice : in
your letter of 3rd October 199.. you agreed that
supplementary bond fees incurred would be payable
by you. Even allowing for this, the amount due for
payment does not take account of the discount for
trial orders.

We are holding your invoice in abeyance pending
your explanation of the discrepancies.

Messieurs,

Notre commande[1] n° 1522 vient de nous être livrée et nous avons le regret de vous signaler que les articles DIY (n°s 2041/3/4/5) ne présentent pas la qualité habituelle[2]. Vous comprendrez notre déception[3].

Il paraît finalement[4] possible de vendre ces articles[5] de bricolage, à condition d'en réduire le prix[6]. C'est pourquoi nous vous demandons de nous accorder un rabais supplémentaire de 10 % sur les articles 2041/3/4/5, faute de quoi nous vous les retournerons[7].

Messieurs[8],

Votre expédition nous a enfin[9] été livrée hier depuis la gare de fret aérien.

Le nombre de caisses est conforme[10] à votre feuille d'expédition mais nous avons eu la surprise[11] de constater que le contenu correspondait à l'article référencé FFT dans votre catalogue, au lieu des 7 FT que nous avions commandés. Cette confusion[12] est probablement[13] due à une mauvaise lecture de notre bon de commande. Nous tenons les FFT à votre disposition, et vous demandons de nous faire livrer de toute urgence[14] les articles que nous avons effectivement[15] commandés.

Monsieur,

Nous ne savons comment interpréter votre facture.

En effet[16], dans votre lettre du 3 octobre 199.., vous acceptiez de prendre à votre charge les frais supplémentaires dus à l'entreposage en douane[17]. De plus[18], même après déduction de cette somme[19], le montant que vous nous réclamez ne tient pas compte de la réduction pour commande à l'essai.

Nous attendons donc vos explications pour effectuer le règlement[20].

1 **Re :** *au sujet de :* formule vieillie et à déconseiller dans le courrier que vous rédigez.

2 Mot à mot : *n'est pas à la hauteur de.*

3 Mot à mot : *nous sommes sûrs que vous comprendrez.*

4 Attention au faux ami **eventually** qui signifie *finalement* et non pas *éventuellement* (**possibly**). *Il paraît* montre qu'il s'agit du résultat final d'une analyse.

5 Le français *ces* est préférable à *les* pour montrer qu'il s'agit bien des mêmes articles.

6 Mot à mot : *mais seulement à un prix inférieur.*

7 Mot à mot : *ou les reprendre.*

8 Lettre U.S., comme le montre **Gentlemen** et les deux points.

9 **At last** indique la fin d'une attente impatiente. A la fin d'une simple énumération, on aurait **lastly** ou **finally,** qui indiquent la chronologie.

10 Mot à mot : *correspondait à.*

11 Le prétérit anglais (**we were surprised**) est normal ; cela s'est passé à un moment précis du passé (**yesterday**).

12 **To mix :** *mélanger* ; **mix-up :** *confusion, erreur.*

13 En bon anglais britannique, cet emploi de **likely** est considéré comme incorrect. Il faudrait **probably.**

14 Mot à mot : *mais nous vous demandons de façon urgente de nous faire parvenir... Nous faire livrer de toute urgence* traduit aussi la fin de la phrase : **without delay,** *sans retard.*

15 *Effectivement* traduit le **did** de renforcement.

16 Le français demande un lien logique (*en effet*) plus élaboré que les deux points du texte anglais.

17 Mot à mot : *vous acceptiez que les frais d'entreposage supplémentaires encourus seraient payables par vous.*

18 *De plus :* le français est plus exigeant que l'anglais pour ce qui est des articulations logiques.

19 Mot à mot : *même en tenant compte de cela.*

20 Mot à mot : *nous gardons votre facture en attente en attendant votre explication des contradictions.* **In abeyance :** *en souffrance, en suspens.* Le style de cette lettre en anglais est ampoulé et vieilli – ce qui arrive parfois dans de telles situations où l'on s'abrite derrière des formules toutes faites pour garder ses distances.

1 You have charged for returnable drums but sent disposable ones.
2 The contents are so severely dented as to be unsaleable.
3 Although we have followed your operating instructions to the letter we are unable to obtain the performances promised.
4 We would appreciate an early visit from your technical advisor.
5 We have had repeated breakdowns and must ask you to send an engineer.
6 We are 2 cases short.
7 We are disappointed that quality is not at all up to sample.
8 We are returning the broken items to you forthwith and would be grateful for immediate shipment of replacements.
9 Your shipment is already late and our import licence expires at the end of the month.

---

1 *Vous nous avez facturé la consigne des tonneaux mais ceux que vous avez envoyés sont des emballages perdus.*
2 *Les marchandises sont endommagées au point d'être invendables. (Le contenu est...)*
3 *Bien que nous ayons suivi votre mode d'emploi à la lettre, nous n'avons pu obtenir les performances promises.*
4 *Nous souhaitons recevoir prochainement la visite de votre conseiller technique.*
5 *Nous avons eu de nombreuses pannes (une série de) et vous demandons de nous envoyer un ingénieur.*
6 *Il nous manque deux caisses.*
7 *Nous sommes déçus de constater que la qualité est loin d'être conforme à celle de l'échantillon.*
8 *Nous vous retournons sur-le-champ les articles brisés et vous serions reconnaissants de les remplacer immédiatement.*
9 *Votre expédition est déjà en retard et notre licence d'importation expire à la fin de ce mois.*

Messieurs,

*Lors du déballage de votre dernier envoi, nous avons eu la
surprise de constater qu'en dépit de la qualité de
l'emballage, qui ne semblait pas avoir souffert du transport, et
malgré la mention « fragile » qui figurait sur les caisses, 8 des
cafetières portaient des traces de choc.*

*Certaines sont bosselées ou rayées au point d'être
invendables, même au rabais. Il nous semble qu'elles ont été
endommagées avant l'emballage, et que la responsabilité de
notre transporteur n'est donc pas engagée.*

Nous les tenons à la disposition de votre assureur.

*C'est avec étonnement que nous avons pris connaissance de
votre facture n° ...*

*La somme à payer ne correspond pas au prix annoncé sur
votre facture pro forma, dont nous joignons photocopie.*

*Nous pensons qu'il ne peut s'agir que d'une erreur, et que
vous n'envisagez pas réellement de nous faire supporter, en
plus des conséquences fâcheuses du retard de la livraison,
une augmentation de tarif dont nous n'étions pas informés et
qui est intervenue 15 jours après la date limite dont nous
étions initialement convenus.*

QUELQUES DIFFÉRENCES LEXICALES
ENTRE ANGLAIS G.B. et U.S.

	G.B.	U.S.
camion	**lorry**	**truck**
essence	**petrol**	**gasoline (gas)**
chemin de fer	**railway(s)**	**railroad(s)**
train de	**goods**	**freight**
marchandises	**train**	**train**
gare de	**goods**	**freight**
marchandises	**station**	**depot**

Dear Sirs,

When your last shipment was unpacked[1] we were
surprised[2] to discover that 8 coffee pots were
damaged[3], despite the fact that the good quality
packing did not seem to have suffered in transport[4]
and although the boxes were marked "fragile"[5].

Some of the coffee pots[6] are so dented or scratched
as to be unsaleable even at a reduced price.

It would seem that they have been damaged[7] before
packing and that our carrier cannot therefore be
held responsible[8]. We are keeping the items for the
inspection of your insurer.

We were surprised to receive your invoice No. ...

The amount due[9] does not correspond with the price
quoted on your pro forma invoice, a photocopy of
which is enclosed. We are sure there has been a
mistake[10] and that you do not really intend to add to
the inconvenience already caused by the delay in
delivery[11], by making us pay a price increase[12] of
which we were not informed and which came into force
two weeks after the deadline initially agreed.

QUELQUES DIFFÉRENCES LEXICALES
ENTRE ANGLAIS G.B. et U.S. (suite)

	G.B.	U.S.
syndicat	**(trade) union**	**(labor) union**

Attention à **corporation** qui aux États-Unis
désigne une *société privée* alors qu'en
Grande-Bretagne il s'applique à des *organis-
mes publics* ou *semi-publics*.
Ex. : **The BBC (British Broadcasting Corporation).**

1 Traduction du nom français *déballage* par un verbe anglais.

2 Emploi du prétérit : l'action s'est passée à un moment précis du passé (lors du déballage).

3 Changement dans la construction de la phrase par rapport au français, avec une approche plus directe. *Portaient des traces de choc* est simplement traduit par **damaged.**

4 **Despite... transport,** mot à mot : *en dépit du fait que l'emballage de bonne qualité ne semblait pas avoir souffert du transport.*

5 **And although... "fragile" :** mot à mot : *et bien que les boîtes aient été marquées « fragile ».* Variante pour *fragile :* **handle with care :** *à manier avec soin.*

6 Il est nécessaire de reprendre ici **coffee pots, some** tout seul risquerait de renvoyer à **boxes.**

7 Mot à mot : *il semblerait qu'elles aient été endommagées.*

8 Mot à mot : *et que par conséquent notre transporteur ne peut pas être tenu pour responsable.*

9 Mot à mot : *le montant dû.*

10 *Nous pensons qu'il ne peut s'agir que d'une erreur* est traduit globalement par **we are sure there has been a mistake :** *nous pensons* est plus faible que **we are sure** mais la fin de la phrase *qu'il ne peut s'agir que d'une erreur* indique bien qu'il s'agit d'une certitude.

11 **That you do not... in delivery,** mot à mot : *que vous n'avez pas l'intention d'ajouter au désagrément déjà causé par le retard de livraison.*

12 Mot à mot : *en nous faisant payer une augmentation de prix.*

FINALES EN -IZE

En anglais britannique comme en anglais américain, c'est le suffixe **-ize** que l'on utilise pour former un verbe à partir d'un adjectif :

real	**to realize**
central	**to centralize**
national	**to nationalize**

up to standard : *conforme à la norme (de qualité), d'aussi bonne qualité que d'habitude.*

disappointment : *déception.*

to retail : *vendre au détail.*

handyman : *bricoleur.*

eventually : *finalement.*

airfreight terminal : *gare de fret aérien.*

mix-up : *erreur, confusion.*

order sheet : *feuille de commande.*

to incur : *encourir.*

payable : *payable, à payer.*

to allow for something : *tenir compte de quelque chose.*

in abeyance : *en souffrance, en attente, en suspens.*

pending : *en attendant.*

discrepancy : *contradiction.*

returnable : *consigné.*

disposable : *que l'on peut jeter, d'où non repris, non consigné.*

unsaleable, unsalable : *invendable.*

adviser : *conseiller.*

breakdown : *panne.*

engineer : *ingénieur.*

forthwith : *sur-le-champ, immédiatement.*

import licence (U.S. : **license**) : *licence d'importation.*

to expire : *expirer.*

to unpack : *déballer.*

to damage : *endommager.*

insurer : *assureur.*

photocopy : *photocopie.*

inconvenience : *dérangement, contretemps, inconvénient, désagrément.*

price increase : *augmentation (de prix).*

to come into force : *entrer en vigueur.*

deadline : *date limite.*

VOCABULAIRE
COMPLÉMENTAIRE

to leave to be desired : *laisser à désirer.*

to reimburse : *rembourser.*

to avoid a recurrence of such... : *pour éviter la répétition de tels (telles)...*

to give due notice of termination of contract : *dénoncer formellement un contrat.*

to claim for compensation : *réclamer un dédommagement.*

it was never agreed that the goods should be sent in bulk : *il n'a jamais été convenu d'expédier les marchandises en vrac.*

this involved us in additional expenses : *cela a entraîné pour nous (nous a causé) des frais supplémentaires.*

the additional charges incurred... : *les frais supplémentaires encourus...*

we think that it qualifies as a breach of contract : *nous pensons que cela constitue une rupture de contrat.*

we have been put to considerable inconvenience : *cela a constitué pour nous un fâcheux contretemps.*

it was agreed that breakage was to be paid for by the supplier : *il était convenu que les risques de casse étaient à la charge du fournisseur.*

we trust you will make personal investigations into the matter : *nous sommes convaincus que vous aurez à cœur d'étudier personnellement le problème.*

we notice with some surprise... : *nous avons la surprise de constater.*

we shall be glad if you will kindly inquire into the matter : *nous vous serions reconnaissants de bien vouloir étudier la question (faire une enquête).*

we do not want to risk the loss of our customers : *nous ne voulons pas risquer de perdre nos clients.*

our agents have declined to sign the delivery sheet : *nos agents ont refusé de signer la feuille de livraison.*

we have set the goods aside pending instructions : *nous avons mis les marchandises de côté en attendant des instructions.*

the case has reached us in a damaged condition : *la caisse nous est parvenue en mauvais état.*

we reserve our right to make a claim for the amount of the loss : *nous nous réservons le droit de réclamer des dommages correspondant au montant de la perte.*

otherwise we shall have to turn to another supplier : *faute de quoi nous devrons nous adresser à un autre fournisseur.*

XVII

REPLIES TO COMPLAINTS

RÉPONSES A DES RÉCLAMATIONS

Le fournisseur répond aux plaintes et
réclamations du client.
Il présente ses excuses
et propose un arrangement
s'il est réellement responsable.
Dans d'autres cas,
il se montre plus ou moins conciliant
selon la nature des réclamations
et son désir de maintenir de bons rapports
avec le client.

TELEX - (We were) surprised to receive your complaint (of) non delivery (our) records show goods (were) picked up (by) your carrier, will write, Morton.

Dear Sir,

Further to our Mr. Morton's telex of 12th April we enclose herewith a signed copy of our consignment note as proof that the goods were indeed collected from our Le Havre depot on 21st March 198...

In view of this may we suggest your warehouse carries out a thorough search. If this fails, kindly claim on the carrier for the loss.

In reply to your letter of 10th August re non-delivery of 2 commercial dictionaries, these are in stock but we are unable to trace an invoice relating to your company. Could the original order have been put through an agent ? It would also assist us if you could quote our pro forma invoice number. As soon as you reply we will give the matter our immediate attention.

We were certainly sorry to learn that some of the palletized items we sent by rail came adrift during the journey and were seriously damaged on arrival. In view of your comments on the insufficient packing we are willing to accept total responsibility for the damage and have despatched replacements forthwith.

TELEX — *(avons été) surpris de recevoir votre réclamation*
(pour) non-livraison. (Nos) registres indiquent marchandises
(ont été) chargées¹ (par) votre transporteur, écrirons, Morton.

Monsieur,

Suite au télex de M. Morton² en date du 12 avril, nous vous
envoyons ci-joint un double signé de notre bulletin
d'expédition prouvant³ que les marchandises ont bien⁴ été
enlevées à notre dépôt du Havre le 21 mars 198 . . .

Nous vous suggérons donc d'effectuer une recherche
systématique dans votre entrepôt⁵. Si cela ne donne aucun.
résultat⁶, c'est auprès de votre transporteur qu'il faudra faire
réclamation⁷.

En réponse à notre lettre du 10 août au sujet de la non-
livraison de deux dictionnaires commerciaux, nous les avons
bien en stock mais ne trouvons pas trace d'une facture au nom
de votre société. La commande⁸ a-t-elle été passée par
l'intermédiaire d'un agent ? Pouvez-vous aussi, pour faciliter
nos recherches, nous communiquer le numéro de notre
facture pro forma⁹ ? Nous vous promettons de faire preuve de
la plus grande diligence dès réception de votre réponse¹⁰.

Nous avons été navrés¹¹ d'apprendre qu'une partie des
articles sur palette que nous vous avons expédiés par chemin
de fer se sont détachés¹² en cours de transport et étaient en
très mauvais état à l'arrivée. En raison de l'insuffisance de
l'emballage dont vous faites état¹³, nous sommes prêts à
accepter la pleine responsabilité du dommage et nous avons
immédiatement remplacé les articles¹⁴.

1 Variante : *enlevées.*

2 Mot à mot : *de notre M. Morton.*

3 Mot à mot : *comme preuve.*

4 **Indeed :** *en fait, effectivement.*

5 Mot à mot : *Eu égard à cela nous suggérons que votre entrepôt effectue une recherche minutieuse.*

6 Mot à mot : *si cela échoue.*

7 Mot à mot : *veuillez réclamer auprès du transporteur pour la perte.*

8 Mot à mot : *la commande originale, initiale.*

9 Mot à mot : *cela nous aiderait également si vous pouviez citer notre numéro de facture pro forma.*

10 Mot à mot : *dès que vous répondrez, nous donnerons à cette question notre attention immédiate.*

11 Mot à mot : *nous avons certainement été désolés.*

12 Premier sens de **adrift : to go adrift,** *dériver.* Ici, **to come adrift** indique qu'il y a eu rupture du chargement, que certains articles ont glissé, sont tombés de la palette.

13 Mot à mot : *en raison de vos commentaires sur l'emballage insuffisant...*

14 Mot à mot : *nous avons immédiatement expédié des (articles de) remplacement.*

Le **n** n'est jamais redoublé quand on ajoute le suffixe **-al** à un nom en **-tion.**

nation	**national**
operation	**operational**
addition	**additional,** etc.

Par contre, lorsqu'on ajoute **-ly** pour transformer de tels adjectifs en adverbes, ces derniers s'écrivent toujours avec deux **l** :

national	**nationally**
operational	**operationally**
addition	**additionally**

1 We regret that we cannot be held responsible for expenses incurred by delays in delivery.

2 One consequence of the fire in our plant has been a backlog of orders of which yours is one.

3 Relocation upsets have created some accounting errors at our Head Office.

4 We are in the process of going over to a new computer and this has led to some duplication in invoicing.

5 We have sorted out the question of your wrong invoice.

6 Please accept our apologies for the inconvenience caused.

7 We have taken steps to ensure that this will not occur again.

8 The late delivery was due to labour disputes at the docks.

9 Replacements are already on their way franco domicile, duty paid.

10 If you will dispose of the items at the best available price we will send you a credit note for the difference.

---

1 *Nous sommes au regret de vous signaler que nous ne saurions être tenus pour responsables des frais résultant de retards de livraison.*

2 *Une des conséquences de l'incendie de notre usine est l'accumulation de commandes non satisfaites, dont la vôtre.*

3 *Les bouleversements liés au déménagement de notre siège social ont causé quelques erreurs comptables.*

4 *Nous changeons actuellement d'ordinateur, ce qui a amené quelques doublons dans la facturation.*

5 *Nous avons réglé le problème de votre facture erronée.*

6 *Recevez nos excuses pour ce dérangement.*

7 *Nous avons pris des mesures pour que cela ne se reproduise plus.*

8 *Le retard dans la livraison était dû à des conflits du travail aux docks.*

9 *Des articles de remplacement ont déjà été envoyés franco domicile, dédouanés.*

10 *Si vous pouvez écouler les articles au meilleur prix possible, nous vous enverrons un avoir correspondant à la différence.*

Monsieur,

Nous avons bien reçu votre lettre du 6.8 dont nous avons apprécié l'humour.

C'est bien par erreur que vous avez reçu des... au lieu des... que vous aviez commandés.

Dès votre coup de téléphone de mercredi, nous avions pris nos dispositions pour que vous soyez livrés dans les plus brefs délais, et en tout état de cause avant le 12. Peut-être notre envoi vous est-il d'ailleurs parvenu avant la présente.

En vous remerciant de la compréhension dont vous avez bien voulu faire preuve, nous tenons à vous assurer que nous veillerons à ce qu'une telle erreur ne se répète pas.

Dans votre lettre du..., vous nous signalez un défaut de quantité dans notre livraison n° ... Or notre agent à... qui a personnellement supervisé le chargement à bord du... nous certifie que la quantité prévue a bien été embarquée.

Nous considérons donc que nous ne pouvons être tenus pour responsables et qu'il s'agit probablement d'un vol qui a pu se produire en cours de transport ou lors du stockage au débarquement.

Dans votre lettre du... vous vous plaigniez de ne pas avoir reçu en cadeau l'ouvrage...

Nous vous rappelons qu'il n'est offert gratuitement que pour un volume d'achat d'au moins 200 F, alors que votre commande ne se montait qu'à 190 F.

Vous comprendrez qu'abaisser ce seuil de 200 F dans votre cas nous amènerait progressivement à offrir le livre à tous nos clients.

Nous sommes donc au regret de ne pouvoir faire droit à votre demande.

Dear Sir,

We appreciated the humour of your letter of 6th
August[1].

It was certainly by mistake that you received
the... instead of the... which you had ordered.

Immediately after[2] your telephone call on
Wednesday we arranged for a delivery to reach you as
soon as possible[3] and in any case before the 12th.

Our shipment might well have reached you before
this letter.

We thank you for your understanding in this matter
and assure you that this will not happen again[4].

In your letter of... you complained about short-
shipment in our delivery No. .... However, our agent
at... supervised[5] the loading on board the... and
confirms[6] that the quantity ordered[7] was in fact
shipped. We therefore feel that we cannot be held
responsible and that there must have been
pilfering[8] during either the transport, the
storage or the unloading[9].

In your letter of... you complain that you have not
received our free gift of... We must remind you that
it is only offered[10] with orders of more than FF 200,
and that [11] the value of your order was FF 190[12].

We hope you will understand that if the required[13]
value was lowered[14] in your case, we would
eventually be forced[15] to give the book to all our
clients.

We therefore regret that we cannot really let you
have the free gift[16].

1 Variante : **we acknowledge receipt of your letter of 6th August and appreciated its humour.**

2 Variantes : **upon receiving ; on receipt of.**

3 Mot à mot : *pour qu'une livraison nous atteigne dès que possible.*

4 Mot à mot : *nous vous remercions... et vous assurons que cela ne se reproduira pas.*

5 Il est possible, mais pas absolument nécessaire, de traduire le français *personnellement* : **personally supervised.**

6 Mot à mot : *notre agent a supervisé... et confirmé ;* variante pour **confirms : certifies.**

7 Mot à mot : *la quantité commandée.*

8 **to pilfer :** *chaparder, dérober ;* **pilfering** ou **pilferage** est aussi utilisé comme équivalent du français *démarque inconnue (pertes provenant de vols).*

9 Mot à mot : *le transport, le stockage* ou *le débarquement.*
   Variante : **during either transport or storage after unloading,** selon que l'on pense ou non que le vol a pu se produire en cours de déchargement (le français *stockage au débarquement* n'étant pas très clair sur ce point).

10 Vu le contexte, **to offer** suffit à traduire l'idée de gratuité.

11 Variante : **whereas** (*alors que*).

12 Variante : **that the offer is limited to orders of more than FF 200 and that your order only amounted to...**

13 Mot à mot : *si la valeur demandée.* Variante : **qualifying value. To qualify :** *remplir les conditions exigées.*

14 Mot à mot : *étant abaissée.* Variante : **were lowered.** Abaisser un seuil : **to lower a threshold.**

15 Variante : **led** (*conduit*).

16 Mot à mot : *nous regrettons par conséquent de ne pouvoir vraiment vous laisser avoir...* **Really** adoucit l'effet général. Dans un autre contexte, plus juridique ou administratif, *faire droit à une demande :* **to grant a request.**

En anglais, n'oubliez pas la majuscule aux noms de jours et de mois, ainsi qu'aux adjectifs de nationalité.

records : *dossier(s), archives, registre(s).*

further to : *suite à.*

to collect goods : *enlever des marchandises.*

in view of : *en raison de, eu égard à.*

thorough : *complet, approfondi, détaillé.*

to claim : *réclamer.*

loss : *perte.*

to assist : *aider.*

plant : *usine.*

backlog : *retard accumulé, arriéré.*

relocation : *déménagement, changement d'adresse, nouvelle implantation.*

Head Office : *siège social.*

computer : *ordinateur.*

duplication : a) *duplication, reproduction, photocopie ;* b) *duplication, « doublon ».*

to take steps : *prendre des mesures.*

labour dispute : *conflit du travail.*

duty paid : *dédouané, droits de douane payés.*

to dispose of : *se débarrasser de, écouler.*

available : *disponible.*

credit note : *avoir, facture d'avoir.*

short-shipment : *quantité insuffisante (dans une expédition).*

to ship : a) *expédier ;* b) *embarquer une cargaison.*

therefore : *par conséquent.*

pilfering : *chapardage, vol ; démarque inconnue.*

gift : *cadeau, don.*

to remind : *rappeler.*

to qualify : *remplir les conditions requises.*

Lorsqu'il devient suffixe, l'adjectif **full** s'écrit **ful** :

use	**useful**
care	**careful**

Mais les adverbes correspondants s'écrivent avec deux **l** (par adjonction du suffixe **-ly**) : **usefully, carefully**

please return the goods wrongly delivered at our expense : *renvoyez à nos frais les marchandises livrées par erreur.*

this was due to circumstances beyond our control : *il s'agit de circonstances indépendantes de notre volonté.*

we believe our packers were not at fault : *nous pensons que nos emballeurs ne sont pas responsables (ne sauraient être incriminés).*

we have got in touch with the insurers and await their report : *nous avons contacté les assureurs et attendons leur rapport.*

we disclaim liability : *nous déclinons toute responsabilité.*

we will investigate the matter thoroughly : *nous étudierons le problème très soigneusement (attentivement).*

we are sorry to learn that you are disappointed in the goods... : *nous sommes désolés d'apprendre que vous avez été déçus par les marchandises...*

we regret being unable to allow your claim : *nous regrettons de ne pouvoir faire droit à votre demande.*

please accept our apologies for the inconvenience caused : *nous vous prions d'accepter nos excuses pour ce contretemps (la gêne ainsi causée).*

the best offer we can make is... : *l'offre la plus favorable que nous pouvons faire est* (familier : *notre dernier mot*).

we enclose our credit note for... : *veuillez trouver ci-joint un avoir pour la somme de...*

QUELQUES CONSEILS DE TRADUCTION

Il peut être utile :
● de modifier la construction de la phrase ;
● de jouer sur la ponctuation. Pensez par exemple aux tirets qui en anglais peuvent remplacer des propositions relatives ou conjonctives ;
● d'éliminer des mots qui alourdissent la phrase sans ajouter au sens.

XVIII

CIRCULAR LETTERS

LETTRES CIRCULAIRES

Des lettres circulaires
sont envoyées à la clientèle pour annoncer
des modifications de structure
ou de politique de la firme,
un changement d'adresse,
la nomination d'un nouveau représentant,
une opération portes ouvertes, etc.

Dear Client,

As you will no doubt be aware... Ltd. have been growing steadily for the last few years.

With a view to maintaining our high level of service and speedy invoicing we have decided to go over to a new, fully computerized client invoicing and order recording system.

We hope you will help this to be a success by quoting the new client number as well as our order number when you write to us. You will find it clearly printed at the top of all our correspondence from now on.

Dear Mr. Brouget,

As you will know Mr. Green, our sales representative in your country, has just taken up a post at Head Office. However we are pleased to inform you that Mr. Brown will now represent us in your area.
Mr. Brown has wide experience in our field. We are sure he will be able to answer all your queries and ensure that you are fully satisfied with our service. You may have complete confidence in his advice.

Dear Sir,

As a result of a change in our sales policy we no longer supply a price list with our catalogue. Prices for specific items will now be supplied on request.

Cher Client,

Comme vous l'avez certainement remarqué, notre société[1] n'a cessé de croître au cours de ces dernières années[2].

Afin de maintenir[3] l'efficacité de nos services[4] et la rapidité de notre facturation[5], nous avons décidé d'adopter un nouveau système, entièrement informatisé, pour la facturation de nos clients et l'enregistrement des commandes.

Nous espérons que vous contribuerez au succès de cette opération[6] en indiquant votre nouveau numéro client[7], en même temps que votre numéro de commande, sur le courrier que vous nous adressez[8]. Dorénavant, ce numéro figurera très lisiblement en tête de toute notre correspondance.

Cher Monsieur[9],

Comme vous le savez probablement[10], M. Green, notre responsable des ventes dans votre pays, vient d'être nommé à notre siège central[11]. Nous sommes heureux[12] de vous faire savoir que M. Brown nous représentera désormais dans votre région. M. Brown a une grande expérience dans notre domaine. Nous sommes certains qu'il saura répondre à toutes vos questions[13], veillera[14] à ce que notre service vous donne toute satisfaction, et vous conseillera efficacement[15].

Monsieur,

En raison d'un changement dans notre politique des ventes, nous ne fournissons plus de tarifs[16] avec notre catalogue. Les prix des différents articles[17] seront fournis sur demande.

1 **Ltd. (limited)** après le nom d'une entreprise indique qu'il s'agit d'*une société par actions*. **Inc. (Incorporated)** joue le même rôle en américain.

2 Remarquez l'emploi nécessaire de **few.** De même : *ces dernières semaines*, **in the last few weeks.** *Au cours des prochains mois :* **in the next few months.**

3 **With a view to** est suivi d'un verbe à la forme en **-ing,** ce qui est normal car **to** est ici une préposition.

4 Mot à mot : *notre haut niveau de service.*

5 Mot à mot : *facturation rapide.*

6 Mot à mot : *nous espérons que vous aiderez cela à être un succès.*

7 Mot à mot : *le nouveau numéro client.* Il s'agit bien entendu de celui attribué par l'entreprise qui envoie cette lettre.

8 Mot à mot : *quand vous nous écrivez.*

9 Rappel : **Dear Sir :** *Monsieur.* **Dear Mr. X :** *Cher Monsieur.*

10 Mot à mot : *comme vous le saurez*, c'est-à-dire *comme vous l'aurez appris.*

11 Mot à mot : *vient de prendre un poste.*

12 **However :** *cependant*, n'est là que pour indiquer que le départ de M. Green est compensé par l'arrivée de M. Brown. La traduction serait maladroite en français.

13 **Query :** *question, interrogation.*

14 **To ensure :** *assurer*, au sens de *rendre sûr, garantir.*

15 La dernière phrase du texte anglais signifie : *vous pouvez avoir une confiance complète en ses conseils.* Remarquez l'absence d'article devant le mot abstrait **confidence. Advice** est un singulier (pas de pluriel) signifiant : *conseils. Un conseil :* **a piece of advice.**

16 L'anglais **tariff** signifie le plus souvent *tarif douanier, droits de douane.*

17 Mot à mot : *les prix pour des articles spécifiques seront maintenant...*

1 Our new accounting system will enable us to process your orders more quickly.

2 Please quote your client account number on all correspondence.

3 Our new prices will come into effect as from Jan. 1st.

4 Our Area Sales Manager will be calling to introduce you to our new representative shortly.

5 Prices are now expressed in terms of units. The current value of a unit in your currency can be obtained from...

6 Amintos SA is now the sole agent in your area, we would be grateful if you would deal through them.

7 We have been producing these items under licence for some years.

8 You will be pleased to learn that we can now offer a 24-hour after sales and maintenance service.

9 In view of the high rate of inflation we must ask you to add 15% to all list prices with effect from...

---

1 *Notre nouveau système de comptabilité nous permettra d'accélérer le traitement de vos commandes.*

2 *Faites figurer votre numéro de compte client sur toute votre correspondance.*

3 *Nos nouveaux tarifs entreront en vigueur à partir du 1er janvier.*

4 *Notre directeur régional des ventes vous rendra visite prochainement pour vous présenter notre nouveau représentant.*

5 *Les prix sont maintenant indiqués en « unités ». Pour connaître la valeur actuelle d'une unité dans votre monnaie, consultez...*

6 *Amintos SA est maintenant notre concessionnaire exclusif xans votre région et nous vous serions reconnaissants de traiter par leur intermédiaire.*

7 *Nous produisons ces articles sous licence depuis plusieurs années.*

8 *Vous serez heureux d'apprendre que nous pouvons maintenant assurer l'entretien et les services après-vente 24 h sur 24.*

9 *Le taux élevé de l'inflation nous conduit à vous demander de majorer de 15% tous nos tarifs à dater du...*

Comme l'indique l'en-tête de cette lettre, nous sommes maintenant installés dans nos nouveaux locaux.

Mieux situés, plus vastes et plus fonctionnels, ils nous permettront d'améliorer encore la qualité de nos services.

Vous apprécierez notamment le fait que nos entrepôts se trouvent à la même adresse que nos bureaux.

Nous espérons qu'il vous sera possible d'assister à la journée portes ouvertes que nous organisons le... et au cours de laquelle nos clients pourront visiter nos nouvelles installations.

A la demande de nombreux distributeurs de votre région, nous venons d'ouvrir à... un centre d'information et d'assistance technique.

Nos ingénieurs et techniciens y sont à votre disposition pour vous aider à résoudre tous vos problèmes d'entretien et de réparations, et pour vous conseiller sur la formation du personnel technique.

Nous vous envoyons ci-joint nos nouveaux tarifs, en vigueur à dater du...

L'augmentation du coût de l'énergie et des matières premières nous a contraints à revoir des prix que nous avions réussi à maintenir depuis un an.

Mais nous avons fait de notre mieux pour que les articles de grande consommation restent dans une fourchette très abordable.

Notamment est souvent difficile à traduire. **Notably, especially, more particularly, among other things,** sont possibles, mais il est souvent préférable de repenser la construction de la phrase. Ce conseil vaut, de façon générale, lorsque l'on « bute » sur un mot.

As you will note from our letter-head we have now[1] moved into our new premises[2].

These are larger, more practical and better-located, and[3] will enable us to improve the quality of our service even further[4].

As you will realize, our warehouse now shares the same address as our offices.

We hope you will be able to come to[5] the open day which we are organising on...[6] This will give our customers the opportunity of visiting[7] our new plant[8].

As a result of requests from many of our distributors in your area[9] we have just opened a technical information and assistance centre[10] at...

Our engineers and technicians will be happy[11] to help you solve[12] all your maintenance and repair problems and to advise you on the training of your technical personnel.

We enclose our new prices[13] which come into force[14] from...

The increasing cost of energy and raw materials has forced us to revise the prices which we had managed[15] to maintain for a year.

We have done our best[16] to ensure that the prices of the most widely sold articles[17] remain reasonable[18].

1   Variante : **recently,** si l'on veut éviter la répétition de **now** qui apparaît encore dans la troisième phrase.

2   **Premises :** *local, lieu, locaux.* C'est un pluriel.

3   Notez la construction différente. Il aurait été possible grammaticalement d'avoir la même construction qu'en français, mais la phrase aurait été moins naturelle. L'ordre des comparatifs (*mieux situés*) a été modifié pour les mêmes raisons, le plus long (**better-located**) venant en dernier.

4   Mot à mot : *encore plus loin, plus avant.*

5   Variante : *assister :* **to attend** + complément ; *assister à une réunion :* **to attend a meeting.**

6   L'anglais n'aime pas les phrases longues. Mieux vaut commencer ici une nouvelle phrase.

7   Variante : **of seeing the layout,** *de voir la disposition.*

8   Variantes : **facilities, installations(s).**

9   **Region,** en anglais, et surtout en américain, dénote en général une unité plus vaste : l'Europe, le Moyen-Orient sont qualifiés de **regions.**

10 Orthographe britannique. Américain : **center.**

11 Mot à mot : *seront heureux.* Variantes : **will be at your disposal, will be available** (*disponibles*).

12 En anglais moderne, **to help** se construit de plus en plus avec l'infinitif sans **to : help me do it,** *aidez-moi à le faire.*

13 **Tariff** est de plus en plus utilisé au sens de **price list, prices.** S'en méfier cependant, son sens le plus fréquent étant *tarif douanier.*

14 *Entrer en vigueur :* (variantes) **to come into effect, to be applied, to become effective, to become operative.**

15 Variante : **we have managed,** insistant sur le fait que les prix sont restés les mêmes jusqu'à ce jour.

16 Variante : **all we can,** ou **all we could.**

17 **Consumer goods** est un terme d'économiste, et n'irait pas ici. De même pour **convenience goods** (*articles de grande consommation*).

18 *Fourchette :* **bracket** ou **range,** n'iraient guère ici.

speedy : *rapide.*

to computerize : *informatiser.*

to quote : *citer, faire figurer.*

to print : *imprimer.*

Head Office : *siège central, siège social.*

query : *question, interrogation.*

to ensure : *assurer, rendre sûr, garantir.*

confidence : *confiance.*

advice : *conseils.*

sales policy : *politique des ventes.*

price list : *tarif.*

on request : *à la demande.*

accounting : *comptabilité.*

to come into force : *entrer en vigueur.*

area sales manager : *directeur régional des ventes.*

to introduce : *présenter.*

sole agent : *agent exclusif, concessionnaire exclusif.*

under licence : *sous licence.*

after sales service : *service après-vente.*

letter-head : *en-tête (de papier à lettres).*

to move in : *emménager.*

premises : *locaux.*

engineer : *ingénieur.*

maintenance : *entretien.*

training : *formation.*

raw materials : *matières premières.*

VOCABULAIRE
COMPLÉMENTAIRE

reply-coupon : *coupon-réponse.*

reply-paid card : *carte-réponse dispensée du timbrage (ou affranchie).*

we enclose a prepaid postcard for your reply : *nous joignons une carte-réponse dispensée du timbrage (ou affranchie).*

we are pleased to inform you that..., we are pleased to let you know that... : *nous avons le plaisir de vous faire savoir que, de vous informer que...*

we are sorry to let you know that..., we are sorry to inform you that... : *nous sommes au regret de vous faire savoir que, de vous informer que...*

we wish to bring to your notice... : *nous souhaitons porter à votre connaissance...*

A ■ Traduire

1. *Nous avons le plaisir de vous faire savoir que...*
2. *Nous serons heureux de vous fournir tous les renseignements complémentaires dont vous pourriez avoir besoin.*
3. *Nous vous rappelons que...*
4. *Nous sommes au regret de vous faire savoir que...*

B ■ La lettre qui suit contient de nombreuses fautes. Faire la liste de ces fautes et récrire la lettre

Since 50 years we are at our actual adress.

We are now pleased to can to inform you that we go to install us in a new plant which warehouse renders more easy your order process.

We are hoping that you will pay us visit on our open day.

CORRIGÉ

A ■

1. We are pleased to let you know (inform you) that...
2. We will be pleased to supply any additional information you may need.
3. We wish to remind you that...
4. We are sorry to let you know (inform you) that...

B ■ Liste des fautes

1. since.
2. are.
3. actual (= *réel*).
4. address.
5. to can.
6. we go.
7. to install us.
8. which (il faudrait : **the warehouse of which**).
9. more easy (possible à la rigueur au lieu de **easier,** mais devrait être placé après le complément de **renders**).
10. order process.
11. we are hoping.
12. pay us visit (possible : **pay us a visit**).

■ Corrigé de la lettre

We have been at our present address for 50 years. We are now pleased to be able to inform you that we are going to move into a new plant whose warehouse will make it easier for us to handle (process) your orders.

We hope that you will visit us during our open day.

XIX

FOLLOW UP LETTERS

LETTRES DE RELANCE

Un premier contact
entre le fournisseur et le client
n'est pas toujours
suivi d'effet.
Le fournisseur
se rappelle au souvenir du client,
et formule à nouveau des offres de services.
De telles lettres
peuvent également être envoyées
à un client qui ne se manifeste plus
depuis quelque temps.

Gentlemen :

It is now 2 months since we mailed you our
detailed estimate for the installation of our dust
filter system in your plant.

We must emphasize that this estimate is only
valid for work completed before July 31. We would
therefore appreciate a firm answer as soon as
possible to allow us to complete our work
schedules.

We are sure you will see the advantage of an early
decision and look forward to your reply.

Some time ago you placed an order for some of our
special... At the time you mentioned that this
trial order had been very satisfactory.

We have now extended our range of tinned
delicacies considerably and supply a more
attractive and distinctive presentation box.

We take the liberty of enclosing details of the
new products which we are offering at a discount of
15% to all established customers. We are sure you
will be interested.

It is now some months since you requested full
technical details of our control units.

As you will have realized these are unequalled
for their price and reliability.

Since you have not yet made a decision to
purchase, we wondered whether you would like our
technical specialist to call on you again ? If you
ring 483.58.58 he will be happy to make an
appointment with you.

Messieurs,

Il y a maintenant deux mois que nous vous avons envoyé[1] le devis détaillé pour l'installation dans votre usine de notre système de filtrage antipoussière.

Nous devons souligner que notre[2] devis n'est valable que pour des travaux[3] achevés avant le 31 juillet. Nous apprécierions donc une réponse ferme et rapide afin de nous permettre de compléter[4] notre plan de travail.

Nous sommes certains que vous vous rendrez compte de l'importance d'une décision rapide.

Dans l'attente de votre prochain courrier[5]...

Vous nous avez passé il y a quelque temps une commande pour une certaine quantité[6] de nos... spéciaux. A cette[7] époque, vous nous avez indiqué que cette commande (à titre) d'essai avait été très satisfaisante.

Nous avons maintenant élargi la gamme de nos conserves de luxe[8] et les présentons dans un emballage plus attrayant et plus distingué pour cadeaux[9]. Nous nous permettons de joindre à cette lettre[10] les détails sur les nouveaux produits que nous offrons avec une remise de 15% à tous nos clients fidèles[11].

Certains que cette offre vous intéressera[12]...

Il y a maintenant plusieurs[13] mois que vous nous avez demandé des renseignements techniques complets sur nos unités de commande automatique.

Comme vous l'avez constaté[14], nos articles sont sans égal quant au prix et à la qualité. Puisque vous n'avez pas encore pris la décision en vue d'un achat[15], nous nous demandons[16] si vous ne souhaitez pas que notre technicien spécialiste vous rende à nouveau visite[17]. Si vous appelez au 483.58.58, il sera heureux de vous fixer un rendez-vous.

204 • XIX A 3   **REMARQUES**

1 Notez la tournure : **it is now** + unité de temps + prétérit.
2 Le démonstratif **this** = *notre, nos.*
3 Notez le pluriel en français.
4 Notez les deux sens du verbe **to complete :** a) *achever ;*
   b) *compléter, remplir (fiche, formulaire).*
5 Mot à mot : *nous espérons une réponse rapide.*
6 Notez la traduction de **some :** *certain ;* d'où *un certain volume,*
   une certaine quantité.
7 L'article défini **the** devient souvent : *ce cet(te), ces.*
8 Mot à mot : *élargi notre gamme de produits (mets) délicats en*
   conserve (considérablement).
9 Mot à mot : *et fournissons une boîte cadeau plus attrayante et*
   plus distinguée.
10 Mot à mot : *nous prenons la liberté de joindre.*
11 Mot à mot : *clients établis.*
12 Mot à mot : *nous sommes sûrs que vous serez intéressés.*
13 **Some :** *certains, quelques,* d'où : *plusieurs.*
14 Notez l'emploi du futur antérieur en anglais. Mot à mot : *comme*
   vous l'aurez réalisé...
15 Mot à mot : *vous n'avez pas encore pris la décision d'acheter...*
16 Notez l'emploi du prétérit en anglais.
17 Mot à mot : *si vous aimeriez que notre spécialiste technique vous*
   rende visite à nouveau. Notez la construction : **to like** + sujet +
   infinitif complet : *désirer que* + sujet + verbe subjonctif.

Quand on forme un adverbe en ajoutant **-ly** à
un adjectif, ce dernier garde sa forme d'origine :
   sincere + ly   **sincerely**
   faithful + ly   **faithfully.**
Exception : les adjectifs en **-able :**
   considerable   **considerably**
   remarkable   **remarkably,**
ou en **-ible :**
   responsible   **responsibly**
   incredible   **incredibly.**

1 If you still require information we will be happy to supply it.
2 Exceptionally all orders received before 31 January will qualify for our old tariffs, 12 1/2 % less than the tariffs which come into effect for the new year.
3 We would remind you that for large orders the all-in price is negotiable.
4 We are willing to offer 5% off list price for immediate delivery.
5 We could easily arrange for a demonstration if this would help.
6 If our estimate was not satisfactory we would be happy to discuss the matter further.
7 Since all our large contracts are index-linked an early start would reduce costs.
8 We are sure it would be worthwhile going over the advantages of our system with you again.

---

1 *Si vous désirez d'autres renseignements, nous serons heureux de vous les fournir.*
2 *Exceptionnellement toutes les commandes reçues avant le 31 janvier bénéficieront de nos anciens tarifs, soit 12,5% de moins que les prix qui seront appliqués au début de l'année.*
3 *Nous vous rappelons que, pour toutes les commandes importantes, le prix tout compris reste à négocier.*
4 *Nous sommes prêts à consentir une réduction de 5% sur nos tarifs pour livraison immédiate.*
5 *Nous pourrions facilement organiser une démonstration si cela vous était d'un quelconque secours.*
6 *Si notre devis ne vous satisfaisait pas, nous serions disposés à avoir à ce sujet de plus amples entretiens.*
7 *Tous nos contrats importants sont indexés ; une mise en chantier rapide réduirait donc les coûts.*
8 *Nous sommes certains qu'il serait utile de revoir avec vous les avantages qu'offre notre système.*

Ne traduire ou rédiger en langue familière que si l'on est très sûr des formules qu'on va employer.
La lisière entre le familier et le vulgaire est parfois difficile à cerner et tout ce qui se dit et s'entend ne s'écrit pas forcément.

Messieurs,

Avez-vous bien reçu le catalogue que vous nous demandiez par votre lettre du... ?

Nous pensons que les modèles... devraient tout particulièrement retenir votre attention.

Si vous le souhaitez, nous pouvons vous en faire la démonstration, et notre représentant M. X serait enchanté de vous rencontrer à cette occasion.

Monsieur,

Lors de la Foire internationale de... vous avez visité notre stand et manifesté votre intérêt pour nos produits, en particulier nos jouets électroniques.

Je serais personnellement heureux de prendre contact avec vous, afin de discuter éventuellement de leur distribution dans votre pays, où nous ne sommes actuellement liés à aucune entreprise.

Nous pourrions nous rencontrer à notre siège de..., à moins que vous ne préfériez que je fasse moi-même le voyage à...

Je me permets de vous adresser notre dépliant « Jouets électroniques » qui comprend nos tout derniers modèles et notamment la deuxième génération des « Jeux linguistiques », qui ont semblé vous intéresser.

Avec l'espoir de vous rencontrer très prochainement, je vous prie de croire, Cher Monsieur, à l'assurance de mes sentiments distingués.

Gentlemen :

We wondered[1] whether you received the catalogue you requested[2] in your letter of...

We would suggest[3] that models... would be of particular interest to you[4]. If you wish we can organize a demonstration[5] at which our representative, Mr. X, would be happy to meet you.

Dear Sir,

   During the...[6] International Trade Fair, you visited our stand and displayed an interest[7] in our products, and more particularly in our electronic toys[8].

   I would be very happy to discuss with you the possibility[9] of having these articles distributed in your country[10], where we have no engagement[11] with any specific firm[12].

   We could meet at our... Headquarters[13] unless you would prefer me to come to...

   I enclose our brochure[14] "Electronic Toys" which includes our very latest models and in particular the second generation of the "Linguistic Games"[15] which seemed to interest you.

   I hope that we will be able to meet soon[16].

                                        Yours faithfully,

1 Mot à mot : *nous nous demandions* (sous-entendu : et c'est pourquoi nous vous écrivons).

2 Ou : **that you requested.**

3 Mot à mot : *nous suggérerions.* Variante : **we feel ; we think** serait trop affirmatif.

4 Mot à mot : *seraient d'un intérêt particulier pour vous.*

5 Mot à mot : *si vous le souhaitez, nous pouvons organiser une démonstration.*

6 C'est là que se place le nom de la ville ou du lieu ou de l'année.

7 **To display :** *manifester, faire preuve de.*

8 Variante : remplacer **and** par un tiret, suivi de **more particularly our electronic toys.**

9 Mot à mot : *je serais très heureux de discuter avec vous de la possibilité...* Cette notion de possibilité rend inutile de traduire *éventuellement.*

10 Mot à mot : *de faire distribuer ces articles dans votre pays.*

11 **Engagement** dénote ici, mieux que **tie** ou **link** (*lien*) un engagement de type contractuel.

12 Variante : **company** (mais ce mot implique qu'il s'agirait d'une *société par actions*).

13 Variante : **Head Office.**

14 Inutile ici de traduire *je me permets* (qui dans d'autres contextes peut être rendu par **I take the liberty of..., I venture to...**).

15 Même différence de sens entre **game** et **toy** qu'entre *jeu* et *jouet.*

16 Mot à mot : *j'espère que nous pourrons nous rencontrer prochainement.* Variante : **I look forward to meeting you soon.**

Lorsqu'on ajoute un suffixe à un adjectif terminé par une consonne + **y,** ce **y** devient **i :**

happy	**happiness**
	happily
ready	**readiness**
	readily

to mail : *expédier (par la poste).*

estimate : *devis.*

dust : *poussière.*

filter : *filtre.*

to emphasize : *souligner, insister sur.*

valid : *valable.*

to complete : a) *terminer* ; b) *compléter, remplir (un formulaire).*

schedule : *programme (de travail), planning, horaire.*

to extend : *étendre, développer.*

attractive : *attrayant, alléchant.*

distinctive : *distinctif.*

reliability : *fiabilité, résistance, solidité.*

to make an appointment : *prendre rendez-vous.*

to qualify : *remplir les conditions.*

all-in : *global.*

currently : *actuellement.*

to get in touch : *entrer en contact.*

worthwhile : *valable, utile, qui vaut la peine.*

to wonder : *se demander.*

to request : *demander, solliciter.*

representative : *représentant.*

Trade Fair : *foire commerciale.*

to display : a) *présenter (marchandises sur des rayons, etc.)* ; b) *faire preuve de, manifester.*

Headquarters : *quartier général, siège social, siège central.*

VOCABULAIRE
COMPLÉMENTAIRE

we have had no reply to our letter of... : *notre lettre du... est restée sans réponse.*

you may remember that... : *vous vous souvenez peut-être (sans doute) que...*

we would like to remind you that... : *nous vous rappelons que...*

we wish to remind you that... : *nous avons le plaisir (l'honneur) de vous rappeler que.*

we wish to remind you of the terms... : *nous vous rappelons les termes de...*

we wish to renew our offer... : *nous vous renouvelons notre offre...*

■ Traduire

1. A little while ago you enquired about one of our processors. We are sure you will be interested to learn that this machine is now being demonstrated in your area.

2. Demand for the items you enquired about has been high, we can only guarantee early delivery for orders received before 1st June.

3. As our Export Manager is currently visiting your capital we have asked him to get in touch with you.

4. We gather from our agent that you are having difficulty reaching a decision about our equipment.

5. We would like to draw your attention to...

6. Further to the conversation we had last week...

CORRIGÉ

■

1. *Il y a peu de temps vous nous avez demandé des renseignements sur un de nos processeurs. Nous sommes certains qu'il vous sera agréable d'apprendre qu'il est actuellement en démonstration dans votre région.*

2. *La demande concernant les articles qui vous intéressent est élevée ; nous ne pouvons garantir une livraison rapide que pour les commandes passées avant le 1er juin.*

3. *Le directeur de notre service exportation se trouve actuellement dans votre capitale et nous lui demandons d'entrer en contact avec vous.*

4. *Notre agent nous apprend qu'il vous est difficile de prendre une décision en ce qui concerne notre matériel.*

5. *Nous attirons votre attention sur...*

6. *A la suite de notre conversation de la semaine dernière...*

Se méfier de certaines formules de la langue parlée. La langue écrite est plus formaliste.
Évitez dans une lettre des expressions qui paraîtraient trop « décontractées » ou trahiraient votre pensée.
Ainsi **would you mind...** qui correspond souvent à un ordre déguisé.
On n'écrira pas :
Would you mind if we delay delivery mais **would you object to our delaying delivery...**
On n'écrira pas :
If you feel like it mais, selon le cas, **if you wish, if you agree, if it is convenient to you.**

XX

REPLIES TO APPLICATIONS FOR JOBS, REFERENCES, etc.

RÉPONSES A CANDIDATURES, RÉFÉRENCES, etc.

Accusé de réception de candidature.
Convocation à un entretien.
Recommandations et références.
Lettre de candidature et curriculum vitae.

Thank you for your application for the post of
Export Manager which is receiving our attention.

Thank you for your application for the post of Sales
Manager (Europe). Your curriculum vitae and
references show that you may well have the
qualities we are looking for. I would be grateful if
you would come to our Head Office for an interview
on the... at ... a.m. The interviewing procedure
will take several hours and will include an
introduction to our Sales Department. Candidates
will be reimbursed for all reasonable travelling
and hotel expenses.

I am pleased to be able to recommend Mr. Watt to
you. Mr. Watt came to us in June 1988 as Assistant
Sales Manager and impressed us by his dynamic and
innovative approach. In 1991 he became Sales
Manager and was resonsible for the development of
our new export sales campaign. Mr. Watt was an
ambitious and dedicated employee and could go far.

Further to your request for a reference for Mr. ...,
I can contribute the following information.

Mr. ... joined this company from the... Technical
College as a trainee and was soon noted for his
thorough knowledge of production management
techniques.

After some 6 months as Shift Manager, he left the
company during a staff rationalisation program. I
am sure he would profit from the experience of
working in your corporation.

Nous vous remercions de votre candidature au poste de directeur du service des exportations ; celle-ci retient notre attention[1].

Je vous remercie de votre candidature au poste de directeur des ventes (Europe). Votre curriculum vitae et les recommandations[2] que vous nous avez transmises montrent que vous semblez[3] posséder les qualités que nous recherchons. Je vous serais obligé de vous présenter[4] à notre siège social en vue d'un entretien le... à... heures[5]. Cet entretien[6] durera plusieurs heures et vous permettra de rencontrer[7] les membres de notre service de ventes. Les candidats seront remboursés de tous leurs frais de transport et d'hébergement.

Je suis heureux de pouvoir vous recommander M. Watt qui[8] est entré dans notre entreprise en juin 1988 en tant que directeur adjoint du service des ventes. Il y fait montre d'un grand dynamisme et de profondes qualités d'innovation[9]. Nommé en 1991 au poste de directeur des ventes[10], il a été chargé de la mise au point[11] de notre nouvelle campagne de ventes à l'étranger[12]. M. Watt s'est révélé un employé dévoué à l'entreprise et désireux de progresser[13], ce qui lui permet d'envisager une carrière brillante[14].

En réponse[15] à votre demande de référence concernant M. ..., je puis fournir les renseignements suivants.

M. ... est entré dans notre société après ses études[16] au... Technical College, en tant que stagiaire[17], il a été rapidement apprécié[18] pour ses parfaites connaissances des techniques de direction de production.

Après six mois environ au poste de chef d'équipe[19], il a quitté la société au cours d'un programme de redéploiement[20] du personnel. Je suis certain qu'il saura tirer profit de l'expérience qu'il acquerra dans votre entreprise[21].

1 Mot à mot : *qui reçoit notre attention.*

2 Premier sens : *référence.* La personne envoyant une lettre de recommandation est le **referee.**

3 Mot à mot : ... *que vous pouvez bien...*

4 Mot à mot : *si vous pouviez venir...*

5 **a.m. (ante meridiem)** indique une heure du matin.

6 Mot à mot : *la procédure d'entretien.*

7 Mot à mot : *et comprendra une introduction à...* Variante : *et permettra de vous présenter notre service commercial.*

8 *Qui* relie les deux phrases et évite la répétition de M. Watt.

9 Mot à mot : *et nous a impressionné par son approche dynamique et innovatrice.*

10 Mot à mot : *en 1991 il est devenu directeur des ventes.*

11 Variante pour **development :** *mise en place.*

12 Mot à mot : *à l'exportation,* d'où : *à l'étranger.*

13 *Ambitieux* risquerait de paraître péjoratif.

14 Mot à mot : ... *et pourrait aller loin.* Notez au passage le style simple en anglais.

15 **Further to** considéré comme incorrect par les puristes (comme le français *suite à*) ; cette expression est cependant relativement fréquente. On pourrait ici lui substituer **in reply to** ou (U.S.) **in response to.**

16 Le pronom **this** ou **these** (pluriel) est souvent à traduire par un adjectif possessif (1re personne).

17 Mot à mot : *de, depuis ; stage :* **traineeship, training period,** (U.S.) **internship.**

18 Mot à mot : ... *et a été bientôt noté pour sa connaissance approfondie...*

19 **shift :** *équipe de travailleurs, d'ouvriers.* Cf. **nightshift :** *équipe de nuit ;* **shift** insiste sur la rotation des équipes, alors que **team** indique la communauté d'objectif et la collaboration.

20 Mot à mot : *programme de rationalisation du personnel.* Notez l'orthographe U.S. : **program** (G.B. : **programme**).

21 Mot à mot : *qu'il profiterait de l'expérience de travailler dans votre société.*

1. Dear Sir,
   I wish to apply for the position of Product Manager which was recently advertised in the...

2. Dear Sir,
   I was interested to learn that your company is now recruiting (wishes to recruit) a...

3. ... to learn that Pentafix S.A. has a vacancy for a...

4. I am married and am at present employed as... at... Ltd. where I have been since 199.. .

5. I was pleased to note your advertisement for... This is a post for which I am particularly well qualified.

6. Full details of my career to date are set out on the attached curriculum vitae.

7. I will, of course, be happy to supply any detailed supplementary information you may require.

8. Mr. ... of... Corp. and Mr. ... of... Bros. will be happy to supply references for me.

9. Mr. ... of... and Mr. ... of GMBH have agreed to act as referees (have agreed to furnish recommendations).

CANDIDATURES

1. *Monsieur,*
   J'ai l'honneur de poser ma candidature au poste de Chef de Produit dont l'annonce est récemment parue dans...

2. *Monsieur,*
   J'ai appris avec intérêt que votre société recrutait (souhaite recruter)...

3. *... d'apprendre que la société Pentafix S.A. a un poste vacant pour un...*

4. *Marié, je suis employé en tant que... à la... Ltd. depuis 199.. .*

5. *J'ai lu avec intérêt votre annonce concernant un poste de..., poste pour lequel je suis tout particulièrement qualifié.*

6. *Des renseignements complets, concernant ma carrière jusqu'à ce jour, sont présentés dans le C.V. ci-joint.*

7. *Je serai naturellement heureux de fournir tous les renseignements détaillés complémentaires que vous pourriez demander.*

8. *M. ... de la société... Corp. et M. ... des Établissements... Bros. seront heureux de vous adresser des lettres de recommandation.*

9. *M. ... de la société... et M. ... de la société... GMBH sont d'accord pour vous fournir des recommandations à mon sujet.*

Nom :

Né le :   à

Situation de famille : *marié, 2 enfants.*

Études universitaires :
École supérieure de commerce de...
Diplôme obtenu en...
19 . . -19 . . Licence en droit, université de...

Expérience professionnelle :
19 . . -19 . . Premier emploi : service du personnel, Magasins
Modernes (magasins à succursales multiples).
19 . . -19 . . Responsable de la formation du personnel au siège
central.
19 . . -19 . . Adjoint du chef du personnel, entreprise...
19 . . -19 . . Séjour à Atlanta (Géorgie).
Supervision de l'implantation d'une filiale, sous l'angle de la
gestion du personnel.
J'étais principalement responsable de l'installation des cadres
et techniciens français et de l'intégration des personnels
français et américains.
19 . . -19 . . De retour en France, responsable de la
distribution, secteur Sud-Ouest :
  — réorganisation du réseau,
  — recrutement et recyclage des représentants,
  — animation de la force de vente,
  — mise en place d'un centre de démonstration.

Langues pratiquées :
Français : langue maternelle.
Anglais : lu, écrit et parlé couramment.
Espagnol : parlé.

Centres d'intérêt :
Photographie ; cinéma.

Sports pratiqués :
Tennis (classé); natation.

... vous fourniront des références à mon sujet.

Name :

Date and place of birth :

Marital status : married, 2 children[2]

Education[3] **:**
... Business school[4]
Graduated in[5]...
19..-19.. University of...
degree in law.

Professional experience[6] **:**
19..-19.. First post : Employed in the personnel[7]
department of... (chain store).
19..-19.. In charge of personnel training at the
Head Office.
19..-19.. Assistant Head of personnel[8] in...
19..-19.. Stationed[9] in Atlanta (Georgia).
Supervised the personnel management aspects of
setting up[10] a new subsidiary[11].
I was primarily responsible for helping French[12]
executives and technicians to relocate and settle[13]
in and for the integration of French and U.S.
personnel.
19..-19.. On returning to France, I took charge of
distribution[14] in the Southwest :
  - reorganisation[15] of the network
  - hiring and retraining of representatives
  - motivation[16] of the sales force
  - creation[17] of a demonstration centre

Languages :
French : mother tongue.
English : written, read and spoken fluently.
Spanish : spoken[18].

Hobbies :
Photography, cinema.

Sports :
  - Tennis (ranked[19] amateur player).
  - Swimming.

For references, please contact :

1 **C.V.,** abréviation de **Curriculum vitae** est maintenant courant en anglais. On trouve aussi **data sheet** ou **resumé.**

2 *Célibataire* serait **single.**

3 Ou **university studies** ou **educational background.**

4 Les systèmes scolaires n'étant pas identiques, il n'existe pas toujours de traduction immédiate du type d'établissement. Des explications sont souvent nécessaires, comme dans le cas des grandes écoles, système français.

5 **To graduate :** *obtenir un diplôme (d'études supérieures).* Variante : **graduation in...** ou **degree obtained in.**

6 Variante : **Professional record,** ou **career to date** (*carrière jusqu'à ce jour*), ou **previous experience.**

7 **Personnel** tend à devenir plus fréquent que **staff** qui dans certains cas ne correspond qu'à *l'état-major* de l'entreprise.

8 Variante : **assistant to the personnel manager.**

9 Variantes : **assigned to..** (*affecté à*), **based in...**

10 Implantation est un mot difficile à traduire. Selon contexte on aura **location** (*implantation géographique*), **installation, setting up (of a firm),** **foreign venture** (*implantation à l'étranger*).

11 Ne pas confondre avec **branch :** *succursale.*

12 Ne pas oublier la majuscule aux adjectifs de nationalité.

13 **To relocate :** *transférer, déménager, reloger ;* **to settle :** *s'installer.* **To install, installation** ne sont possibles que pour du matériel.

14 Variante : **the distribution network.**

15 (U.S.) **reorganization.**

16 **Animation,** autre mot difficile à traduire. Variante : **leadership.**

17 Variantes : **establishment ; setting up.**

18 Variété des termes indiquant la compétence linguistique : **sound knowledge of, good command of, fluency in, proficiency in...**

19 **Seeded** (*classé*) ne s'emploie que pour les professionnels.

application : (lettre de) candidature.

reference : référence.

to recommend : recommander.

dedicated : dévoué ; motivé.

to apply : faire acte de candidature, poser sa candidature, être candidat.

Product Manager : chef de produit.

to join : entrer dans ; adhérer à.

Business School : école de commerce.

trainee : stagiaire.

management techniques : techniques de gestion.

shift : équipe (d'ouvriers).

staff : a) personnel ; b) état-major.

corporation : (U.S.) société par actions ; (G.B.) organisme public ou semi-public.

position : poste.

to advertise : a) annoncer ; b) faire de la publicité.

to recruit : recruter.

vacancy : poste vacant, poste à pourvoir.

advertisement : (petite) annonce.

career : carrière.

to attach : joindre (un document).

referee : répondant, personne qui recommande ou délivre une attestation.

marital status : état civil, situation de famille.

single : célibataire (adj.).

to graduate : obtenir un diplôme.

degree : diplôme (universitaire).

law : droit.

training : formation.

to station : placer, poster, baser, affecter.

to set up : créer, fonder.

subsidiary : filiale.

executive : cadre.

to relocate : transférer, déménager, reloger, réimplanter.

network : réseau.

to hire : a) louer ; b) embaucher.

to retrain : recycler.

sales force : force de vente.

VOCABULAIRE
COMPLÉMENTAIRE

applicant : candidat.

to give further information, to give further details, to give further particulars, to supply further information (details, particulars) : fournir de plus amples renseignements.

to give full particulars : donner tous les détails.

professional record, track record : expérience professionnelle.

qualification(s) : compétence(s).

■ **Traduire**

Dear Mr. Lauret,

Re : Antoine Gervais

The above has applied to us for employment as a European representative and has stated that he was employed by you from November 199.. to June 199..

We would be grateful if you would confirm that these dates are correct. Your opinion of his suitability in this position is also requested.

Your co-operation is very much appreciated and any information you give us regarding Mr. Antoine Gervais will be treated in the strictest confidence.

CORRIGÉ

■

Monsieur,

M. Antoine Gervais a posé sa candidature à un de nos postes de représentant pour l'Europe, en précisant qu'il avait été employé par nous de novembre 199.. à juin 199..

Nous vous serions reconnaissants de bien vouloir nous confirmer ces dates, et de nous signaler si vous jugez le candidat qualifié pour le poste.

Tous les renseignements que vous nous communiquerez sur M. Antoine Gervais seront considérés comme confidentiels.

■ **Notez les expressions suivantes :**

to give wide scope : *donner une grande latitude.*

on request : *à la demande.*

apply in confidence to... : *envoyez votre dossier à... Discrétion assurée.*

testimonial : *référence.*

starting salary, initial salary, commencing salary : *salaire de début, de départ.*

fringe benefits : *avantages complémentaires.*

bonus : *prime.*

pension fund : *caisse de retraite.*

relocation allowance : *prime de déménagement.*

PLEASE QUOTE AS FOLLOWS :
4 DOZ NO 45T
10 NO 22T
CIF DUNKERQUE
DUPONT PURCHASING

VOUS PRIONS ENVOYER PRIX[1] :
4 DOUZAINES NO 45T
10 NO 22T
CIF[2] DUNKERQUE
DUPONT ACHETEUR[3]

1 Mot à mot : *s'il vous plaît, donnez tarifs comme suit.*
2 **Cost Insurance Freight :** *Coût Assurance Fret (CAF)* ; l'usage est de garder l'abréviation anglaise en français.
3 **Dupont is purchasing** d'où DUPONT PURCHASING.

STOCKS EXHAUSTED CAN YOU AIRFREIGHT SAMEDAY 40 RADIOCASSETTES DELATA - 20 ON CONFIRMATION

STOCKS ÉPUISÉS POUVEZ-VOUS EXPÉDIER PAR AVION MÊME JOUR 40 RADIOCASSETTES DELATA - 20 DÈS RÉCEPTION DE CONFIRMATION[1]

1 Mot à mot : *à la confirmation.*

---

3 DOZ GABERDINES GREY £ 240 DELIVERY 2 MONTHS BLACK 1 MONTH SAME PRICE SEAFREIGHT EXTRA 5% AIRFREIGHT EXTRA 8%

3 DOUZAINES GABARDINES GRIS £ 240 LIVRAISON 2 MOIS NOIR 1 MOIS MÊME PRIX PAR MER PLUS 5% PAR AIR PLUS 8%

ATTN MR...
Y/MESSAGE 118
WE CONFIRM OUR PRICES ARE VALID TO END 19..
FAITHFULLY
JONES

ATTENTION M...
VOTRE MESSAGE 118
CONFIRMONS NOS PRIX APPLICABLES JUSQUE FIN 19..
SALUTATIONS
JONES

ATTN MR...
YOUR REF Y567T AND SUBSEQUENT TLX FROM DIJON DATED 03/
10/..
REGRET TO INFORM YOU THAT ITEMS SPECIFIED NO LONGER
FALL WITHIN OUR RANGE OF PRODUCTS

ATTENTION M...
VOTRE RÉF Y567T ET SUITE TLX DE DIJON DATE 03/10/..
REGRETTONS VOUS INFORMER ARTICLES SPECIFIES NE FONT
PLUS PARTIE DE NOTRE GAMME DE PRODUITS.

ATTN SALES
ARE SURPRISED NOT TO RECEIVE YOUR REPLY AND TENDERS
WITH SAMPLES AS REQUESTED IN OUR LETTER REF OY/PT -36.
CLOSING DATE WAS 15 MARCH
WOULD APPRECIATE YOUR COMMENTS
YRS

ATTENTION SERVICE VENTES
SOMMES SURPRIS DE NE PAS RECEVOIR VOTRE RÉPONSE ET
OFFRES AVEC ÉCHANTILLONS COMME DEMANDÉS DANS
NOTRE LETTRE RÉF OY/PT.
DATE LIMITE 15 MARS DERNIER[1]
ATTENDONS[2] VOS COMMENTAIRES
SALUTATIONS[3]

1 Mot à mot : *date de clôture était 15 mars.*

2 Mot à mot : *apprécierions...*

3 YRS : YOURS (sous-entendu, **faithfully, sincerely, truly**).

ATTN MR...
WE NEED REPLY BY RETURN TELEX TO REGISTER YOUR AM
ORDER BECAUSE ITEMS 4 AND 8 TECHNICAL DEFINITION DOES
NOT MATCH YOUR REQUIREMENTS WE UNDERSTAND DEFINI-
TION 4 IS 33BHTU
REGARDS
KENNEDY

ATTENTION M...
ATTENDONS[1] VOTRE RÉPONSE PAR RETOUR TÉLEX POUR
ENREGISTRER VOTRE COMMANDE CE MATIN[2] PARCE QUE
DÉSIGNATION TECHNIQUE ARTICLES 4 ET 8 NE RÉPOND PAS
VOS BESOINS
COMPRENONS DÉSIGNATION 4 EST 33BHTU
SALUTATIONS
KENNEDY

1 Mot à mot : *Nous avons besoin de...*

2 AM : **a.m., ante meridiem,** *du matin.*

ATTN MR...
YR TLX 22 JUNE PUZZLED BY YOUR QUOTE OUR REFERENCE
2P0740 2HP 2-STROKE MOTORS LAWNMOWERS ARE YOU SURE
THIS IS ONE OF OUR PRODUCTS ?
KIND REGARDS
HARRISON

ATTENTION M...
VOTRE TÉLEX 22 JUIN SOMMES INTRIGUÉS PAR VOTRE MENTION
DE NOTRE RÉFÉRENCE 2P074Q TONDEUSE A GAZON MOTEURS
2-TEMPS 2 CHEVAUX[1] ÊTES-VOUS SUR QU'IL S'AGIT D'UN DE
NOS PRODUITS ?
SALUTATIONS[2]
HARRISON

1 HP : **horse power :** *cheval-vapeur.*

2 Formule impliquant familiarité, équivalent de *toutes mes amitiés.*

WE CONFIRM OUR TELEPHONE ORDER OF YESTERDAY 19/11/..
ITEMS TO BE PICKED UP AT YOUR ANGOULÊME DEPOT
TOWARDS 18 H BY OUR CARRIERS... FOR DELIVERY TO BOR-
DEAUX DOCKS
WE WOULD REMIND YOU THAT THE GOODS MUST BE AT
BORDEAUX DOCKS BY 10 AM 21/11/.. FOR CERTAIN WE HAVE
ARRANGED TRANSPORT BY SHIP SAILING SAMEDAY
IF THE GOODS ARE NOT AVAILABLE FOR LOADING AS AGREED
WE WILL HOLD YOU RESPONSIBLE FOR ANY EXPENSES INCUR-
RED BY THE DELAY

CONFIRMONS NOTRE COMMANDE PAR TÉLÉPHONE D'HIER 19/
11/.. LES ARTICLES SERONT PRIS[1] A VOTRE DÉPÔT ANGOU-
LÊME VERS 18 H PAR NOS TRANSPORTEURS... POUR LIVRAISON
DOCKS BORDEAUX
VOUS RAPPELONS[2] QUE LES MARCHANDISES DOIVENT ÊTRE
AUX DOCKS BORDEAUX A 10 H MATIN 22/11.. AU PLUS TARD[3]
AVONS PRIS DISPOSITIONS POUR TRANSPORT PAR BATEAU
PARTANCE MÊME JOUR
SI LES MARCHANDISES NE SONT PAS PRÊTES POUR CHARGE-
MENT COMME CONVENU VOUS TIENDRONS RESPONSABLES DE
TOUS FRAIS CAUSÉS PAR RETARD

1 Ici l'infinitif **to be picked up** a valeur de futur.

2 Conditionnel en anglais, correspondant au français : *nous nous
   permettons de vous rappeler...*

3 Noter la formule **for certain :** mot à mot : *pour certain,* d'où : *au
   plus tard.*

YOUR TLX 067
CAN LOAD WITHIN 36 HRS ARRIVAL BRASILIA WITHIN 14 DS
£ 2-25 PER KILO CASED
£ 2-15 PALLETIZED
PRICES FOR SETTLEMENT AT 30 DS BUT DO NOT INCLUDE
CUSTOMS CHARGES AT BRASILIA OWING TO FREQUENT IMPORT
REGULATION CHANGES

VOTRE TÉLEX 067
POUVONS CHARGER D'ICI 36 HEURES[1] ARRIVÉE BRASILIA D'ICI
14 JOURS[1]
£ 2-25 PAR KILO EMBALLÉ[2]
£ 2-15 SUR PALETTE
PRIX POUR RÈGLEMENT A 30 JOURS NE COMPRENANT PAS[3] LES
DROITS DE DOUANE A BRASILIA EN RAISON DES CHANGEMENTS
FRÉQUENTS RÉGLEMENTATION DES IMPORTATIONS

1 Noter les abréviations HS, **hours** et DS, **days.**

2 Mot à mot : *dans une caisse.*

3 Mot à mot : *mais ne comprennent pas.*

ATTN MR...
OUR ORDER 578L
PLS FWD... CARRIERS AT BREMEN BY YOUR LORRY
DELIVERY TO US VIA TURKEY CARE OF...
IMPORTANT CERTIFICATE OF ORIGIN MUST HAVE ENGLISH
TRANSLATION

ATTENTION M...
NOTRE COMMANDE 578L
VEUILLEZ FAIRE PARVENIR[1] PAR VOTRE CAMION AUX
TRANSPORTEURS DE... A BRÊME LIVRAISON VIA TURQUIE CHEZ
NOUS[2] PAR[3]...
IMPORTANT CERTIFICAT D'ORIGINE DOIT AVOIR TRADUCTION
ANGLAISE

1 PLS FWD : **please forward.**

2 Mot à mot : *jusqu'à nous.*

3 Mot à mot : *aux bons soins de...*

YR ORDER T883P CLEARED BRITISH CALEDONIAN LOS ANGELES
THIS DAY AWB NO 0699948 FLIGHT PTR 1207/1 SHIPMENT NO
5899 INV NO 566786 CUSTOMER NO 1662
REGARDS

*VOTRE COMMANDE T883P DÉDOUANÉE CE JOUR LOS ANGELES
COMPAGNIE BRITISH CALEDONIAN CONNAISSEMENT[1] NO
0699948 VOL PTR 1207/1 ENVOI NO 5899 FACTURE[1] NO 566786
CLIENT NO 1662
SALUTATIONS*

1 Noter les abréviations : AWB, **airwaybill,** INV : **invoice.**

TÉLEX *B. Français/anglais

*VOTRE MESSAGE 254 10 SEPTEMBRE 19.
DEMANDANT TARIFS
4 DOUZAINES NO 45T L889
10 NO 22T L106
PRIX UNITAIRES DÉPART USINE
PRIX RÉVISABLE SI COMMANDE SUPÉRIEURE £ 1 000
DÉLAI DE LIVRAISON 1 MOIS*

YR[1] MSG[1] 254 SEPT 10 19. .
PLEASE QUOTE AS FOLLOWS[2]
4 DOZ[1] NO 45T L889
10 NO 22T L106
ABOVE PRICES ARE UNIT[3] EX-WORKS
PRICES MODIFIABLE ONLY IF ORDER MORE[4] THAN £ 1,000
DELIVERY 1 MONTH

1 Noter les abréviations YR, **your,** MSG, **message** et DOZ, **dozen.**
2 Reprise du message reçu : *veuillez donner tarifs comme suit.*
3 Mot à mot : *prix ci-dessus sont (pour) unité...*
4 Mot à mot : *seulement si commande plus de...*

*VOUS PRIONS DONNER TARIFS LES PLUS BAS LE PLUS TOT
1 DOUZAINE GABARDINES GRISES TAILLE 38 LIVRAISON PARIS*

PLEASE QUOTE LOWEST SOONEST
1 DOZ GREY GABERDINES SIZE 38 DELIVERY PARIS

ATTENTION M...
LIVRAISON 3 MOIS APRÈS RÉCEPTION CONFIRMATION COM-
MANDE ET LETTRE DE CRÉDIT
SALUTATIONS

ATTN MR...
DELIVERY 3 MONTHS FROM RECEIPT OF CONFIRMED ORDER
AND LETTER OF CREDIT

SURPRIS PAR VOS TARIFS TET/102
PRIX TRÈS BAS
VEUILLEZ CONFIRMER SI TOUTES OPTIONS ET MAINTENANCE
COMPRISES

SURPRISED AT YOUR QUOTATION TET/102
PRICES VERY LOW
PLEASE CONFIRM IF ALL OPTIONS AND MAINTENANCE INCLU-
DED

NOUS CONFIRMONS NOS DÉTAILS EN CONFORMITÉ AVEC
NOUVEAUX RÈGLEMENTS HOMOLOGATION
CEPENDANT POUR ARTICLE 8 LIRE CUFT/HR

WE CONFIRM OUR DETAILS CONFORMITY NEW HOMOLOGA-
TION RULES
HOWEVER FOR ITEM 8 READ CUFT/HR

MESSAGE ATTENTION M...
VOTRE TÉLEX 23/09/..
DE QUEL DROIT OFFREZ-VOUS TARIFS MOINS 20 % ?
DE PLUS DÉSIRONS CONNAITRE NOM DU CLIENT POUR CHAQUE
TRANSACTION

MESSAGE FOR MR...
YOUR TELEX 23/09/..
BY WHAT RIGHT DO YOU OFFER LIST[1] LESS 20 % ?
IN ADDITION WE REQUIRE[2] NAME OF CLIENT FOR EACH
TRANSACTION

1 LIST : **price-list.**
2 Mot à mot : *nous demandons, nous exigeons.*

URGENT NE POUVONS PRENDRE LIVRAISON DE NOTRE COM-
MANDE K446L EN RAISON NOUVELLES RESTRICTIONS IMPORTA-
TIONS EXCUSES
LETTRE SUIT

URGENT CANNOT TAKE DELIVERY OUR ORDER K446L
DUE TO NEW IMPORT RESTRICTIONS APOLOGIES
LETTER FOLLOWS

*SUITE VOTRE TÉLEX AUJOURD'HUI CONCERNANT TRANSPORT
FRET BRESIL VIA LONDRES POUVEZ-VOUS DONNER PRIX FERME
COMPRENANT TOUS FRAIS DE DOUANE ET DÉDOUANEMENT*

FOLLOWING YOUR TELEX OF TODAY CONCERNING FREIGHT
TRANSPORT TO BRAZIL VIA LONDON COULD YOU QUOTE FIRM
PRICE INCLUDING ALL CUSTOMS DUES/CLEARANCE

---

*MATERIEL PRÊT POUR EXPÉDITION DÉSIREZ-VOUS INSPECTION
PAR VOTRE AGENT ?
VEUILLEZ SPÉCIFIER MODE D'EXPÉDITION
SALUTATIONS*

EQUIPMENT READY FOR DESPATCH DO YOU REQUIRE INSPEC-
TION BY YOUR AGENT ?
PLEASE SPECIFY DESPATCH METHOD
REGARDS

---

*NOUS VOUS CONFIRMONS NOTRE COMMANDE TÉLÉPHONIQUE
DE CE JOUR 12/10/.. ENLÈVEMENT A VOTRE DÉPOT VERS 16 H
NOUS VOUS RAPPELONS QUE CETTE MARCHANDISE DOIT ÊTRE
LIVRÉE LE 17/10/.. DANS L'APRÈS-MIDI CAR NOUS AVONS
L'EMBARQUEMENT PRÉVU CE JOUR
DANS LE CAS DE NON LIVRAISON A LA DATE INDIQUÉE NOUS
VOUS RENDRONS RESPONSABLES DES FRAIS OCCASIONNÉS PAR
CE RETARD*

WE CONFIRM OUR ORDER BY PHONE TODAY 12/10/.. GOODS
TO BE PICKED UP AT YOUR DEPOT ABOUT 16 H
WE REMIND YOU GOODS TO BE DELIVERED 17/10/.. IN THE
AFTERNOON FOR LOADING SCHEDULED SAME DAY
IN CASE NON DELIVERY STIPULATED DATE WE WILL HOLD YOU
RESPONSIBLE FOR EXPENSES INCURRED BY DELAY

---

*NOUS EMPRESSONS VOUS SIGNALER QUE DIRECTIVES GÉNÉRA-
LES AVAIENT ÉTÉ DONNÉES A NOTRE AGENT MAIS CE DERNIER
NE PEUT NATURELLEMENT QUE SUIVRE LES INSTRUCTIONS
REÇUES DU TRANSPORTEUR
AUSSI JUGEREZ-VOUS UTILE DE RÉITÉRER VOS INSTRUCTIONS*

PLEASE NOTE GENERAL INSTRUCTIONS WERE GIVEN TO OUR
AGENT
HOWEVER THE LATTER CAN ONLY FOLLOW INSTRUCTIONS
GIVEN BY CARRIER
NECESSARY FOR YOU TO REPEAT INSTRUCTIONS

- **ex works**
  variantes : **ex factory, ex mill :** *à l'usine.*
- **ex warehouse :** *ex magasin, en magasin.*
- **FOR (free on rail)... (named departure point) :**
  franco-wagon... (point de départ convenu).
  Variante : **FOT (free on truck)... (named departure point) :**
  franco-wagon... (point de départ convenu).
  Attention : en anglais américain **free on truck** peut aussi signifier
  franco-camion.
- **FAS (free alongside ship)... (named port of shipment) :**
  franco le long du navire... (port d'embarquement convenu).
- **FOB (free on board)... (named port of shipment) :**
  FOB (franco bord)... (port d'embarquement convenu).
  Attention : dans un document provenant des États-Unis, bien
  vérifier que le transport jusqu'au port d'embarquement est
  compris.
- **FOB airport... (named airport of departure) :**
  FOB aéroport... (aéroport de départ convenu).
  L'aéroport nommé constitue le point de transfert de la propriété
  du vendeur à l'acheteur.
- **C and F (cost and freight)... (named port of destination) :**
  C et F (coût et fret)... (port de destination convenu).
- **CIF (cost, insurance, freight)... (named port of destination) :**
  CAF (coût, assurance, fret)... (port de destination convenu).
- **Freight or Carriage Paid to... (named point of destination) :**
  Fret ou port payé jusqu'à... (point de destination convenu).
  Valable seulement pour les *transports terrestres* (**Inland
  Transport**), c'est-à-dire *tout trafic, intérieur ou international par
  route, rail et voies navigables* (**all trade, national or internatio-
  nal, by road, rail and inland waterways**).
- **Ex Ship... (named port of destination) :**
  Ex ship... (port de destination convenu).
  Le vendeur doit tenir la marchandise à la disposition de l'acheteur
  à bord du navire au point de déchargement usuel du port
  convenu, le déchargement étant à la charge de l'acheteur.
- **Ex Quay (duty paid)... (named port) :**
  A quai (dédouané)... (port convenu).

- **Ex Quay (duties on buyer's account)... (named port)** :
  A quai (non dédouané)... (port convenu).
- **Delivered at frontier... (named place of delivery at frontier)** :
  Rendu frontière... (lieu de livraison convenu à la frontière).
  Pour éviter tout malentendu, insérer après le mot *frontière*
  l'indication des deux pays que cette frontière sépare, et ajouter le
  lieu de livraison ou le poste de douane convenu.
- **Delivered... (named place of destination in the country of
  importation) duty paid** :
  *Rendu... (lieu de destination convenu dans le pays d'importa-
  tion) droits acquittés.*

TABLEAU COMPARATIF DES MESURES

Longueur

inch, inches (*pouce(s)* (in.)	= *2,540 cm*
foot, feet (*pied(s)* (ft.)	= *30,480 cm*
yard(s) (yd.)	= *0,914 m*
statute mile (*mile terrestre*)	= *1,609 km*
nautical mile (*mille marin*)	= *1,852 km*

Capacité

imperial gallon (GB) (gal)	= *4,546 l*
US gallon	= *3,785 l*
imperial quart (GB) (qt)	= *1,136 l*
US quart	= *0,946 l*
imperial pint (GB) (pt)	= *0,568 l*
US pint	= *0,473 l*

Poids

tonne, metric ton	= *tonne métrique*
long ton (*tonne forte*)	= *1,016 tonne métrique*
short ton (*tonne courte*)	= *0,907 tonne métrique*
long hundredweight (GB) (cwt)	= *0,508 quintal*
short hundredweight (US)	= *0,453 quintal*

pound (*livre*) (lb.) = *0,453 kg*
ounce (*once*) (oz.) = *28,349 g*
grain (gr) = *0,064 g*

Divers

- pour le pétrole brut :
  barrel (*baril*) (bbl) = *0,158 m³*
- pour l'énergie :
  British thermal unit (Btu) = *0,252 kilo/calorie*
- pour les surfaces :
  acre = *4 040 m²*

Attention !

US billion (10^9) = **GB thousand million** = *milliard.*

Conversion du système métrique
vers le système anglo-saxon

1 mètre = 1,09 yard.
1 hectare = 2,47 acres.
1 kilo = 2,2 pounds.
1 litre = 1,8 pint.

ABRÉVIATIONS

A.A.R., a.a.r., *against all risks,* contre tous risques.

abs, *absolute,* absolu.

abstr., *abstract,* résumé.

AC, *alternating current,* courant alternatif.

A/C, a/c, *account current,* compte courant.

acc., acct, *account,* compte.

Acc., acce, *acceptance, accepted,* acceptation, accepté.

a/cs pay, *accounts payable,* effets à payer (compte fournisseur).

a/cs rec., *accounts receivable,* effets à recevoir (compte client).

actg, *acting,* faisant fonction de, provisoire.

actnt, *accountant,* comptable.

act. val., *actual value,* valeur réelle.

act. wt., a/w, *actual weight,* poids réel.

ACV, *actual cash value,* valeur réelle en espèces.

A/D, a/d, *after date,* de date, d'échéance.

ad, advt, *advertisement,* (petite) annonce, publicité.

addn, *addition,* addition.

addnl, *additional,* additionnel.

adpt, adapt, *adapter,* adaptateur, raccord, bague.

ad val., *ad valorem,* ad valorem, calculé sur la valeur.

adv. pmt, *advance payment,* règlement d'avance.

A.f.b., *Air freight bill,* lettre de transport aérien.

aggr., *aggregate,* ensemble, totalité.

agt, *agent,* agent.

a.i.p., *accident insurance policy,* police d'assurance accidents.

AM, *air mail,* courrier aérien.

a.m., *morning, before noon,* du matin, avant midi.

amt, *amount,* montant.

AMT, *Air Mail Transfer,* virement par courrier aérien.

anal., *analysis,* analyse.

a/o, *account of,* compte de.

appro., *approval,* approbation.

apr., *April,* avril.

A/R, *all risks,* tous risques.

arr., *arrival,* arrivée.

a/s, *after sight, 3 months a/s,* à quatre-vingt-dix jours (de vue).

ASP, *American selling price,* prix de vente américain.

att., *attached,* joint, ci-joint.

Aug., *August,* août.

av., *ad valorem,* ad valorem, calculé sur la valeur.

av., *average,* 1) moyenne, 2) avarie.

AWB, *Air Way Bill,* connaissement aérien.

b, *breadth, broad,* largeur, large.

bal., *balance,* solde.

bd., *broad, breadth,* large, largeur.

BD, B/D, *Bank draft,* chèque ou traite tiré(e) sur une banque.

b/d, *bills discounted,* effets (traites) escompté(e)s.

BE, b/e, *Bill of exchange,* effet de commerce, traite.

B/E, *Bill of entry,* rapport en douane, déclaration de détail.

bf, b.f., b/f, *balance brought forward,* report.

bgs, *bags,* sacs.

bk, *bank ; book ; backwardation,* banque ; livre ; déport.

bkg, *banking,* banque ; opération de banque.

bl, bls., *bale(s),* balle(s), ballot(s).

bl, bbl, *barrel(s),* tonneau(x), fût(s) (pour le pétrole = environ 159 litres).

bl, blce, *balance,* solde.

B/L, *Bill of lading,* connaissement.

bldg, *building,* bâtiment.

bn, *billion,* milliard (US et GB).

bot., *bottle,* bouteille.

b/p, b. pay, BP, B/P, *bills payable,* effets à payer.

Bro, Bros, *Brothers,* Frères.

B/S, b/s, *Bill of sale,* acte de vente, contrat de vente.

BSI, *British Standards Institute* (cf. AFNOR).

bsh, bu., *bushel,* boisseau (UK = 8 gallons, env. 36 litres ; US = env. 35 litres).

BST, *British Summer Time, British Standard Time.*

Bthu, Btu, *British Thermal Unit,* unité de chaleur (0,25 kilocalories).

bull., *bulletin,* bulletin.

bx, *box,* boîte.

c., *circa,* environ, aux alentours de (date).

C.A., *Chartered Accountant,* expert-comptable.

c/a, *current account,* compte courant.

CAD, *Cash against documents,* paiement contre documents.

C & F, cf., *Cost and Freight,* coût et fret.

cal., *calorie, calory,* calorie.

CAN, *Customs assigned number,* numéro du code des douanes.

Can., *cancellation,* annulation.

cap., *capacity ; capital,* capacité, contenance ; capital.

carr., *carriage ; carrier,* transport ; transporteur.

Cat, cat, *catalog(ue),* catalogue.

c.c., *cubic centimetre,* centimètre cube.

c/d, *carried down,* reporté.

cf., c/f, *carried forward,* à reporter.

c.f., C & F, *Cost and freight,* coût et fret.

CFI, cfi, *Cost Freight and Insurance,* coût, assurance, fret.

cfm., *cubic feet per minute,* pieds cubiques par minute.

cge pd, *carriage paid,* port payé, en port payé.

cgo, *cargo,* cargaison.

CH, *Custom-house,* douane(s).

chk, chq, *check, cheque,* chèque.

CI, ci, *Certificate of Insurance,* attestation d'assurance.

CIA, *Cash in advance,* paiement d'avance (en espèces).

CIF, cif, *Cost Insurance Freight,* coût assurance fret.

c.i.f. & c, *cost insurance freight and commission,* coût, assurance, fret et commission.

c.i.f. & i, *cost insurance freight and interest,* coût, assurance, fret et intérêt.

c.i.f.c.i., *cost insurance freight commission and interest,* coût, assurance, fret, commission et intérêt.

cl, *claim ; clause ; clearance,* 1) réclamation ; 2) clause, article ; 3) déclaration en douane ; passage (hauteur, largeur) libre.

CLC, clc, *Circular note of credit,* billet de crédit circulaire.

cld, *cleared (customs),* dédouané.

cml, *commercial,* commercial.

CN, C/N, *Credit note,* facture d'avoir.

CN, *Circular note,* chèque de voyage, billet de crédit circulaire.

c/o, *care of,* aux bons soins de.

c/o, *carried over,* reporté.

Co., *company,* société, compagnie.

C.O.D., *Cash on delivery,* envoi contre remboursement, règlement à la livraison.

coll., *collection,* recouvrement ; prise de livraison.

comm., comm, *commission,* commission.

cont., *contents,* contenu.

conv., *convertible,* convertible.

corr., *corrected,* corrigé.

C/P, *Charter party,* charte-partie.

C.P.A., *certified public accountant* (US), expert comptable.

CR, C/R, *at company's risk,* aux risques et aux périls de la société.

Cr, *credit, creditor,* crédit créancier.

CST, *Central Standard Time.*

ct, *cent* (1/100 de dollar).

ctf., *certificate,* certificat.

cu. ft, *cubic foot,* pied cubique, pied-cube.

curr., currt, *currency ; current,* devise(s) ; courant.

cur., curt, curr, *current,* courant.

cy, *calendar year,* année calendaire.

CWO, c.w.o., *Cash with order,* paiement à la commande.

d, ds, *day(s),* jour(s).

D/S, ds, *Days after sight,* jours de vue.

d/a, d.a., *deposit account,* compte dépôt.

DA, D/A, *documents against acceptance,* documents contre acceptation.

dbl, *double,* double.

DC, *direct current,* courant continu.

D/D, dd, *days after date, days' date,* jours de date.

d/d, dtd, *dated,* daté.

Dec., *December,* décembre.

deld., delvd, *delivered,* livré.

dely, *delivery,* livraison.

dem., *demurrage,* surestaries.

dep., *departure,* départ.

dep., *dépôt,* entrepôt, magasin ; (US) gare de marchandises.

dept., dpt, *department,* département, service.

dft., *draft,* traite.

dis., disc., *discount,* escompté ; réduction ; rabais ; ristourne.

dlr, *deliver,* livrer.

dmg., *damage,* dégâts, dommages.

D.N., *despatch,* note, bordereau d'expédition.

D/N, *Debit note,* note de débit, facture de débit.

do, *ditto,* la même chose, idem.

d/o, *delivery order,* bon de livraison.

doz., *dozen,* douzaine.

D/P, *documents against payment,* documents contre paiement.

Dr, *Debtor,* débiteur.

ds, d/s, dys, *days,* jours.

dw, *dock warrant,* certificat d'entrepôt, warrant.

dwt, *dry weight,* poids sec.

d/y, *delivery,* livraison.

dz, *dozen,* douzaine.

E.D.P., *electronic data processing,* informatique.

ee, *errors excepted,* sauf erreur.

E.E.C., *European Economic Community,* Communauté Économique Européenne.

EET, *East European Time.*

e.g., *for instance, for example,* par exemple.

embkn, *embarkation,* embarquement.

emty, ety, *empty,* vide.

Enc., enc, Encl., *enclosure(s),* pièce(s) jointe(s).

E & OE, *Errors and Omissions Excepted,* sauf erreur et ommission.

EST, *Eastern Standard Time.*

est, *established,* fondé.

est, *estimate,* évaluation, devis.

ETA, *Estimated Time of Arrival,* heure probable d'arrivée.

ex, *from,* en provenance de.

ex, exd, *examined,* examiné, vérifié, contrôlé, inspecté.

ex div., *ex dividend,* sans dividende.

ex int., *ex interest,* sans intérêt.

exp, *export,* exportation.

ex ss, *ex steamer,* au débarquement.

ex stre, *ex store,* disponible.

ex whf, *ex wharf,* franco à quai.

ex whse, *ex warehouse,* disponible (sortie d'entrepôt).

FAA, f.a.a., *free of all average,* franc d'avarie, franc de toutes avaries.

FAO, *for the attention of,* à l'attention de.

FAQ, f.a.q., *free alongside quay,* franco à quai.

f.a.q., *fair average quality,* qualité commerciale, qualité courante.

FAS, f.a.s., *free alongside ship,* franco le long du navire, franco long du bord.

Feb., *February,* février.

f/c, *for cash,* comptant.

fco, franco.

f.g.a., *free of general average,* franco d'avarie grosse ou commune.

fgn, *foreign,* étranger.

fgt, *freight,* fret.

Fifo, *first in first out,* premier entré, premier sorti.

FOB, f.o.b., *free on board,* franco à bord.

FOC, f.o.c., *free of charge,* franco de port et d'emballage ; gratuit.

folg., *following,* suivant.

f.o.q., *free on quay,* franco à quai.

FOR, f.o.r., *free on rail,* franco wagon.

FOS, f.o.s., *free on steamer,* franco à bord du navire.

FOT, f.o.t., *free on truck,* franco wagon, sur wagon, (US) franco camion, sur camion.

FOW, f.o.w., *free on wharf,* franco à quai.

FP, *floating policy,* police flottante.

f.p., *fully paid,* intégralement versé.

frgt, frt, *freight,* fret.

ft, *foot (feet),* pied(s) (30, 48 cm).

fwd, *forward,* à terme, livrable ; livrer.

fx, *foreign exchange,* 1) devises, 2) marché des changes.

fy, *fiscal year,* exercice fiscal.

GA, ga, g/a, *general average,* avarie commune.

gal., *gallon,* UK 4,54 litres ; US 3,78 litres.

gas, *gasoline,* (US) essence.

gen., *general,* général.

GMT, *Greenwich Mean Time,* heure (du méridien) de Greenwich.

gnrl, *general,* général.

gr., *grade,* qualité, classe ; degré, teneur.

gr., *grain,* céréale(s).

gr(s), *grain(s),* unité de poids (6,8 centigrammes).

grnt., guar., *guarantee,* garantie.

gr., *gross,* 1) (adj.) brut, 2) (nom) grosse = 12 douzaines.

gr. wt, *gross weight,* poids brut.

gtd, *guaranteed,* garanti.

h, *height ; harbour ; hour,* hauteur ; port ; heure.

handbk, h/b, hdbk, *handbook,* guide, manuel.

hgt, ht, *height,* hauteur.

HGV, *Heavy Goods Vehicle,* poids lourd.

HMC, *Her Majesty's Customs,* douanes de Sa Majesté.

H.M.S., *Her Majesty's Ship.*

H.O., *Head Office,* siège social.

HP, h.p., *horsepower,* (puissance en) chevaux-vapeur, C.V.

H.P., *hire-purchase,* vente à tempérament.

HQ, *Headquarters,* quartier général, siège social.

i, *rate of interest, interest,* taux d'intérêt.

i.e., *that is (to say),* c'est-à-dire, à savoir.

ILC, *irrevocable letter of credit,* lettre de crédit irrévocable.

I.M.O., *international money order,* mandat international.

imptr, *importer,* importateur.

in., ins, *inch,* pouce(s) (2,54 cm).

inc., *incorporated,* constitué (après nom d'une société par actions).

ince, *insurance,* assurance.

incl., *included ; inclusive,* compris ; tout compris, net.

incomp., *incomplete,* incomplet.

incr., *increase,* augmentation.

ind., *index,* indice ; index.

info', *information,* renseignements, information(s).

inq., *inquiry,* demande de renseignements.

ins., insce, *insurance,* assurance.

insd. val., *insured value,* valeur assurée.

inst., *instant,* du mois en cours.

instal., instl., *installation,* installation.

int., *interest,* intérêt.

inv., *invoice,* facture.

IR, *Inland Revenue,* le fisc (GB).

IRS, *Internal Revenue Service,* le fisc (US).

iu., *international units,* unités internationales.

iw, *in work,* en cours.

J/A, *joint-account,* compte joint, compte en participation.

Jan., *January,* janvier.

Jly, *July,* juillet.

jnt, *joint,* conjoint, solidaire, paritaire.

jt, *joint,* conjoint, solidaire, paritaire.

Jtly, *jointly,* conjointement, de façon solidaire, collectivement.

Jne, *June,* juin.

l, *length,* longueur.

lb., lbs, *pound(s),* livre(s) (453 g).

L/C, lc, lcr, *Letter of credit,* lettre de crédit.

ld, *load,* chargement.

ld, *land,* débarquer, débarquement.

lgth, *length,* longueur.

Lifo, *last in first out,* dernier entré premier sorti.

l.t., *long ton,* tonne forte (1 016 kg).

Ltd., *Limited (liability),* à responsabilité limitée.

m, *minute,* minute.

Mar., *March,* mars.

max., *maximum,* maximum.

M.B.A., *Master of Business Administration.*

m/d, *months after date,* à... mois, à... mois d'échéance, ... de date.

mdse, *merchandise,* marchandise.

merch., *merchantable,* vendable, de qualité marchande.

Messrs, Messieurs.

mfd., *manufactured,* fabriqué.

mfg., *manufacturing,* fabrication ; qui fabrique.

mfrs, *manufacturers,* fabricants.

mgr, *manager,* directeur.

mgt, *management,* direction.

min., *minimum,* minimum.

M.I.P., *Marine Insurance Policy,* police d'assurance maritime.

missg, *missing,* manquant.

mix., mixt., *mixture,* mélange.

Mr, *mark,* marque.

mkd, *marked,* marqué.

mnfrs, *manufacturers,* fabricants.

MO, mo, *mail order,* vente par correspondance.

mo, *Money Order,* mandat postal.

mo, mos, *month(s),* mois.

modif., *modification,* modification.

mnths, *months,* mois.

MPG, m.p.g., *miles per gallon,* milles au gallon.

mrg, *margin,* marge.

mrtm., *maritime,* maritime.

m/s., *months after sight,* à... mois de vue.

mst, *measurement,* mesure ; cubage, encombrement.

mnce, mntnce, mtce, *maintenance,* maintenance, entretien.

mux, *multiplex.*

mv, *motor vessel, merchant vessel,* navire marchand.

mvmt, *movement,* mouvement.

mxd, *mixed,* mélangé.

mxm, *maximum.*

n, *name,* nom.

n, *number,* numéro.

n.a., *not available,* non disponible, manquant.

nat., *national,* national.

nat., *natural,* naturel.

NC, n/c, *no charge,* gratuit.

NVC, *No Commercial Value,* sans valeur commerciale.

nd, *no date, not dated,* non daté.

NFS, *Not For Sale,* pas à vendre.

No, no, *number,* numéro.

nom., *nominal,* nominal, nominatif.

norm., *normal ; normalize,* normal, normaliser.

Nos., nos, *numbers,* numéros.

Nov., *November,* novembre.

NP, np, *net proceeds,* produit net (des ventes).

nr, *near,* près.

nr, *number,* numéro.

nrml, *normal,* normal.

NRT, *Net Register Ton,* tonne de jauge nette.

ns, *new series,* nouvelle série.

n/s, *not sufficient,* insuffisant.

NSF, nsf, *Not Sufficient Funds,* fonds insuffisants, à découvert.

ntfy, *notify,* notifier, signaler.

nt wt, *net weight,* poids net.

num., *number ; numbering ; numbered ; numeral,* numéro ; numérotation ; numéroté ; numéral ; numérique.

o, *oil,* 1) pétrole, 2) huile.

O, o, *order,* commande.

O/A, o/a, *on account,* à l'acquit de..., pour le compte de...

oal, *overall* (adj.), global.

obs., obsol., *obsolete,* démodé ; hors d'usage ; aboli.

o/c, *overcharge,* 1) majoration (d'un compte), 2) trop perçu, somme en excès.

Oct., *October,* octobre.

o/d, *on demand,* à la demande, à vue.

O/D, o/d, *overdraft ; overdrawn,* découvert ; à découvert.

O & D, *origin and destination,* origine et destination.

ofc, off, *office,* bureau ; service.

OK(d), *accepted, approved, signed,* accepté, approuvé, signé.

ONO, *or near (nearest) offer,* meilleur offre, offre la plus proche.

o/o, *order of,* à l'ordre de...

OP, *open policy,* police ouverte.

op., *operation, operational,* opération, opérationel.

opt., *option, optional,* option, optionnel.

o.r., or, *owner's risk,* aux risques et périls du destinataire (propriétaire).

ord., *order,* commande.

org., *organisation,* organisation.

orig., *origin, original,* origine, original.

orse, *otherwise,* autrement.

os, *old series,* ancienne série(s).

o.s., *on sale, on sample,* en vente ; sur échantillon.

o/s, *out of service,* hors d'usage.

OSA, *Overseas Sterling Area,* zone sterling (extérieure).

ot, *old terms,* anciennes conditions.

otc, *over the counter,* au comptant.

ovpd, *overpaid,* surpayé.

oz, *ounce,* once (28 g).

p, *page, penny.*

PA, p.a., *particular average,* avarie particulière.

p.a., *per annum,* par an, annuel.

P/A, p/a, *power of attorney,* procuration, pouvoir, mandat.

pat., *patent,* brevet.

patd, *patented,* breveté.

pat. pend, *patent pending, patent applied for,* brevet en cours (d'enregistrement).

payt, *payment,* paiement.

P/C, pc, *percent, percentage,* pourcent, pourcentage.

pc, *port of call,* port d'escale.

pc, *price current,* prix courant.

pcl(s), *parcel(s),* colis.

pd, *paid,* payé.

pd, *port dues,* frais de port.

pd, *period,* période.

pd, *post dated,* (avec) date de la poste.

PD, p.d., *per day (per diem),* par jour.

pdic, *periodic,* périodique.

pdn, *production,* production.

pend., *pending,* en attendant ; en instance ; en cours.

perf., *perforated,* perforé.

perf., *performance,* résultat ; comportement.

per pro, *per procurationem,* par procuration.

pers., *personal,* personnel.

pf., *perfect,* parfait.

pf, pro forma.

pfd, *preferred,* de préférence.

ph., *phase,* phase.

pkt, *packet,* paquet.

pkg, *package,* paquet, colis.

pl, *place,* lieu, place.

p.l., *partial loss,* sinistre partiel, perte partielle.

plcy, *policy,* police d'assurance.

plt, *pilot,* pilote.

pm, *premium,* prime (assurance).

p.m., *afternoon,* (de l') après midi.

pmt, *payment,* paiement.

PN, P/N, p.n., p/n, *promissory note,* billet à ordre.

pndg, *pending,* en attendant ; en instance ; en cours.

pnt, *pint,* pinte (GB. 0,568 l, US 0,473 l).

PO, *Post Office,* Poste(s).

po, *postal order,* mandat-poste.

P.O.B., *Post Office Box,* boîte postale.

POC, *Port Of Call,* port d'escale.

POD, *Pay(ment) on delivery,* règlement à la livraison.

POD, p.o.d., *Port of Departure,* port de départ.

POE, *Port of Embarkation,* port d'embarquement, de chargement.

p.o.r, *pay on receipt, payable on receipt,* payable à la réception.

port., *portable,* portable.

pos., posn, *position,* position.

poss., *possession,* possession.

post., *postage,* timbrage, frais de poste.

PP, pp, *post paid, prepaid,* frais de postes payés d'avance ; payé d'avance.

ppd, *prepaid,* payé d'avance.

ppn, *proportion,* proportion.

ppty, *property,* propriété.

pr, *pair,* paire.

pr, *price,* prix.

P.R., *port risks,* risques de port.

prc., *procedure,* procédure.

prec., *precision,* précision(s).

pref., *preferred,* de préférence.

prelim, *preliminary,* préliminaire.

prem., *premium,* 1) prime (d'assurance), 2) droit, 3) (adj.) de première qualité.

prepn, *preparation,* préparation.

pres., *present,* présent, actuel.

prev., *previous,* précédent, antérieur.

prf., *proof,* 1) à l'épreuve de, 2) épreuve.

prfnl, *professional,* professionnel.

prior., *priority,* priorité.

pro., *professional,* professionnel.

PRO, *Public Relations Officer,* Responsable des Relations Publiques.

prod., *product, production,* produit, production.

prop., *property,* propriété.

prov., *proviso ; provisory,* clause, condition provisoire.

prox., *proximo, of the next month,* du mois à venir.

ps, *passenger service,* service des voyageurs.

psgr, *passenger,* voyageur, passager.

PST, *Pacific Standard Time.*

pt, *part,* partie.

pt, *payment,* paiement, règlement.

pt, *pint,* pinte (GB 0,56 l, US 0,38 l).

pt, *point,* point.

pt, *port,* port.

ptbl., *portable,* portable.

PTO, *Please Turn Over,* TSVP.

pur., *purchase, purchasing, purchaser,* achat, acheteur.

purch., *purchase,* achat.

pvt., *private,* privé.

pwr, *power,* puissance.

q, *query,* demande de renseignements.

QC, qc, *quality control,* contrôle de qualité.

QDA, qda, *quantity discount agreement,* (contrat prévoyant une) réduction sur quantité.

qk, *quick,* rapide.

qlty, *quality,* qualité.

qn, *question ; quotation,* question ; prix, cours, cotation.

qnty, *quantity,* quantité.

qq., *question,* question.

qr, *quarter,* 1) trimestre, 2) mesure de poids (12,7 kg) (GB).

qrtly, *quarterly,* trimestriel.

qt, qty, *quantity,* quantité.

qual., *quality,* qualité.

quot., *quotation,* prix, cours, cotation.

qt, *quart,* mesure de capacité (1,13 l) (GB).

qy, *query,* demande de renseignements.

r, *radius,* rayon.

r, *range,* gamme, éventail.

r, *rate of interest,* taux d'intérêt.

rcv., *receive,* recevoir.

rcvd, *received,* reçu.

R/D, *refer to drawer*, voir le tireur.

rdy, *ready*, prêt.

re, *in re*, *reference*, *regarding*, concernant, à propos de.

rec'd, *received*, reçu.

rect., rcpt, *receipt*, reçu, récépissé.

red., *reduce*, *reduction*, réduire, réduction.

ref., *refer*, *reference*, (se) référer, référence.

refr., refrg., refrig., *refrigeration*, réfrigération.

reg., regd., *registered*, recommandé.

regis., *register*, recommander.

rem., remit, *remittance*, versement.

rem., *remove*, enlever.

rep., *repair*, réparer ; réparation.

rep., *representative*, représentant.

repl., *replacement*, remplacement.

req., *request*, *require*, demande.

retd., *returned*, renvoyé, retourné.

retl., *retail*, détail.

rev., *review*, *revised*, révision, révisé.

rf., *refunding*, remboursement.

rltv., *relative*, relatif.

RLY, rlwy, *Railway*, chemins de fer.

RMD, rmd, *ready money down*, en argent liquide, en espèces.

rng, *range*, gamme, éventail.

rngt, *renegotiate*, renégocier.

RP, rp, *reply paid*, réponse payée.

rprt, *report*, 1) rapport, 2) rendre compte.

rpt, *repeat*, 1) répéter, 2) renouveler.

rqmt, *requirement*, besoin.

RR, rr, *Railroad* (US), chemins de fer.

rt, *rate*, taux.

rt, *round trip*, voyage circulaire.

rtd, *returned*, renvoyé ; (emballage) repris.

rwy, ry, *railway*, chemins de fer.

s, *second*, second.

s, *series*, série(s).

s, *speed*, vitesse.

s, *steel*, acier.

satis., sat., satfy, *satisfactory*, satisfaisant.

sc, *separate cover*, (sous) pli séparé.

sched., *schedule*, 1) plan ; horaire, 2) barème, 3) annexe.

SD, *sight draft*, traite à vue.

sec., *second*, second.

secs, *seconds*, secondes.

sect., *section*, section.

sel., *select*, choisir, sélectionner.

Sep., Sept., *September*, septembre.

sep., *separate*, séparé.

ser., *serial*, de série, en série.

sgd, *signed*, signé.

ship., shipt, shimpt, *shipment*, expédition, chargement.

sht, *short*, 1) court, 2) à court ; manquant ; insuffisant.

shtg., *shortage*, manque, manquant, ·défaut de quantité.

sh tn, *short ton (2 000 lbs)*, tonne courte (907 kg).

SJ, sj, *subject*, 1) soumis, asujetti à, 2) sous réserve de.

sld, *sealed*, scellé, cacheté ; rendu étanche.

sm, *small*, petit.

s.mi, *statutory mile*, mille terrestre (1,609 km).

sml, *small*, petit.

sn, *serial number*, numéro de série.

S.N., S/N, *shipping note*, permis d'embarquement, note de chargement.

so, *seller's option*, option de l'acheteur.

S/O, *special order*, commande spéciale.

S/O, *Standing order*, ordre permanent.

sp, *selling price*, prix de vente.

sp, *spare parts*, pièces de rechange, détachées.

sp, *special ; specimen*, spécial ; spécimen.

sp. del., *special delivery*, « par exprès », par porteur.

spec., *specification*, *specimen*, spécification, spécimen.

spt, *sea port*, port de mer.

sq, *square*, carré.

sq. ft., sq. in., sq. mi., *square foot*, *square inch*, *square mile*, pied carré, pouce carré, mile carré.

SS, s.s., s/s, *steamship*, navire vapeur.

ss, *same size*, même(s) dimension(s).

ST, st., *short ton*, tonne courte (907 kg).

st., *statement ; street*, relevé ; rue.

st, *stone*, unité de poids (6,35 kg).

sta., *station*, gare.

stan., std., *standard*, type, standard, type.

stg, *sterling*.

stg., *stage*, stade, étape.

stge., *storage*, stockage.

stk, *stock*, stock.

stl, *steel*, acier.

STN, stn., *station*, gare.

Ston, *short ton*, tonne courte (2 000 lbs, 907 kg).

stor., *storage*, stockage.

str., *steamer*, vapeur (navire).

str., *strength*, résistance.

sub., *substitute,* remplacement.
sup., *supplies, supply,* fournitures.
sur., *surface,* surface.
susp., *suspend,* suspendre.
svc., svce, *service,* service ; département.
svgs, *savings,* économies.
sw., *sea water,* eau de mer.
sz., *size,* taille, dimension.
t, *table,* tableau.
t, *tare,* tare.
t, *ton,* tonne.
t, *transit,* trajet.
TA, *telegraphic address,* adresse télégraphique.
tar., *tariff(s),* 1) droits de douane, 2) tarif.
tax., *taxation,* taxes, impôts.
tel., *telegram ; telephone,* télégramme, téléphone.
temp., *temperature,* température.
temp., *temporary,* temporaire, provisoire.
ten., *tender,* appel d'offre.
tex, tlx, *telex.*
tfr, *transfer,* transfert, virement.
tg., *telegramme,* télégramme.
tk, *truck,* wagon ; (US) camion.
tkt, *ticket,* billet.
TL, *Truck load,* wagon complet (charge).
TM, tm, *trade mark,* marque de fabrique.
TMO, tmo, *Telegraphic Money Order,* mandat télégraphique.
TT, *Telegraphic Transfer,* virement télégraphique.
tn, *telephone number,* numéro de téléphone.
tn(s), *ton(s),* tonne(s).
tnge., *tonnage,* tonnage, jauge.
T, tns, *tons,* tonnes.
TO, t/o, *take off,* décollage.
tonn., *tonnage,* jauge.
tot., *total,* total.
tp., *telephone,* téléphone.
tpd., *tons per day,* tonnes par jour..
trans., *transfer ; transit ; transport,* transfert, virement, transit, transport.
trnsp., trsp., *transport, transportation,* transport.
u, *unit(s),* unité(s).
UGT., ugt., *urgent,* urgent.
u/m, *unit of measure,* unité de mesure.
ult., ulto., *ultimo, of the last month,* du mois dernier.
undwrtr., *underwriter,* assureur.
unif., *uniform,* uniforme, constant.
unpd., *unpaid,* non payé.

unsat., unsatfy, unsatis, *unsatisfactory,* insuffisant, non satisfaisant.
up., *upper,* supérieur.
urg., *urgent,* urgent.
USC, usc, *under separate cover,* sous pli séparé.
usu., *usual,* usuel, habituel, général.
UT, *Universal Time,* temps universel.
UW, u/w, *underwriter,* assureur.
v., *versus,* contre.
v, *value,* valeur.
v, *variable,* variable.
v, *vice,* défaut.
V, *volt, voltage,* volt, voltage.
va., *variable, variance,* variable, variation.
vac., *vacant,* libre.
val., *valuation ; value ; valued,* évaluation ; valeur ; évalué.
valid., *validation,* validation.
var., *variety,* variété.
VAT, *Value Added Tax,* TVA, Taxe à la valeur ajoutée.
vfy, *verify,* vérifier, contrôler.
VG, vg, *very good,* très bon.
VH, vh, *very high,* très haut.
vltg., *voltage,* voltage.
vo, verso, *back of page,* verso, dos de (la) page.
vol., *volume,* volume.
vou., *voucher,* pièce justificative.
vrbl., *variable,* variable.
w, *water,* eau.
w, *waste,* déchet.
W, w, *watt,* watt.
w, *week,* semaine.
w, *weight,* poids.
w, *width,* largeur.
war., *warrant,* 1) garantie, 2) autorisation, 3) certificat.
warn., *warning,* avertissement, mise en garde.
warr., *warranty,* 1) garantie, 2) autorisation, 3) attestation.
WB, wb, *way-bill,* lettre de voiture, feuille de voiture.
WC, wc, *without charge,* gratuitement, sans frais.
wd., *wood,* bois.
wdt., *width,* largeur.
wgt., *weight,* poids.
wh, w/h, *withhold, withholding,* retenir, rétention.
whf., *wharf,* quai, débarcadère, entrepôt maritime.
whfg., *wharfage,* 1) droits de quai, 2) mise en entrepôt à quai, 3) frais de chargement ou déchargement à quai.

whol., *wholesale, wholesaler,* gros, grossiste.

whse, *warehouse,* entrepôt.

whsl., *wholesale,* gros.

whsing, *warehousing,* entreposage.

wgt, *weight,* poids.

WI, wi, *wrought iron,* fer forgé.

wk, *week,* semaine.

wk, *work,* travail, main-d'œuvre.

wkds, *weekdays,* jour de semaine, jours ouvrables.

wks., *weeks ; works ; workshops,* semaines ; travaux ; ateliers.

W/M, w/m, *weight or measure,* poids ou mesure.

WPA, w.p.a., *with particular average,* avec avarie particulière.

wrfg, *wharfage,* 1) droits de quai, 2) mise en entrepôt à quai, 3) frais de chargement ou déchargement à quai.

wrnt, *warrant,* 1) garantie, 2) autorisation, 3) certificat.

wrtd., *warranted,* garanti ; autorisé.

wt, *weight,* poids.

WT, wt, w/tax, *weight tax ; whithholding tax,* taxe sur le poids ; impôt à la source.

Ww, ww, *warehouse warrant,* certificat d'entrepôt.

xch., *exchange,* échange ; change.

xcp, *ex coupon,* coupon détaché.

xcpt, *except,* excepté.

xd, xdiv., *ex dividend,* ex-dividende.

xg, *crossing,* 1) traversée, 2) croisement.

xi, *ex interest,* ex-intérêt.

x-ml, xmll, *ex mill,* départ usine.

xpn, *expansion,* expansion.

x-ship, x-shp, *ex ship,* au débarquement.

x stre, *ex store,* disponible ; départ magasins.

xtra, *extra,* supplémentaire.

xwhf, *ex wharf,* franco à quai.

x wks, *ex works,* départ usine.

x whse, *ex warehouse,* disponible, départ entrepôt.

y, *yard = 3 feet,* 0,914 m.

YAR, *York Antwerp Rules.*

yd, *yard,* 0,914 m.

yd^2, *square yard,* 0,836 m^2.

yd^3, *cubic yard,* 0,765 cm^3.

yr, yrs, *year(s),* année(s).

z, *zero,* zéro.

z, *zone,* zone.

zip (code), *zone of improved delivery,* (US) code postal.

GLOSSAIRE DES MOTS
LES PLUS UTILES

A

accélérer, to speed up.
acceptation (traite), acceptance.
accord, agreement.
accorder, to grant, to allow.
accusé de réception, acknow-ledgement of receipt.
accuser réception, to acknow-ledge receipt.
achat, purchase.
acheter, to buy, to purchase.
acheteur, buyer, purchaser.
adresse, address ; location.
adresser, to send.
agence, agency, branch.
agent, agent ; dealer.
agent exclusif, sole agent.
améliorer, to improve.
annonce (petite), advertisement.
annuler, to cancel.
appareiller (navire), to sail.
arrhes, deposit.
arrivée, arrival.
article, item, article.
assurance, insurance.
assurance (compagnie), insu-rance company.
assurance (police), insurance policy.
assurer (des marchandises, etc.), to insure.
assureur, insurer, underwriter.
augmentation, increase, rise.
augmenter, to increase.
avertir, to inform.
avion, (air)plane, aircraft.
avis d'expédition, dispatch note.
aviser, to inform, to notify.
avoir (facture d'), credit note.

B

besoin, need, requirement.
bon de commande, order form.
brochure, brochure, booklet.
bulletin de commande, order form.
bureau, office.

C

caisse (emballage), box ; case, crate.
candidat, applicant.
candidature, application.
faire acte de candidature, to apply.
camion, (GB) lorry ; truck.
cargaison, cargo.
cargo, cargo-vessel.
carte-réponse, reply-card.
catalogue, catalogue, catalog (US).
certificat, certificate.
certificat d'entrepôt, ware-house warrant.
certificat d'origine, certificate of origin.
charger, a) to load ; b) (donner des instructions), to instruct.
chargement, a) loading ; b) shipment.
chèque, (GB) cheque, check (US).
ci-joint, enclosed.
circulaire, circular.
client, client ; customer.
commande, order.
commander, to order, to place an order.

commission, commission, fee.
concurrence, competition.
jusqu'à concurrence de, up to.
concurrentiel, competitive.
conditions, terms.
confidentiel, confidential.
confirmation, confirmation.
confirmer, to confirm.
conforme à la commande, as per order.
conforme à l'échantillon, up to sample.
connaissement, bill of lading.
conseiller, to advise.
consentir une réduction, to grant a discount.
contacter, to contact, to get in touch with.
conteneur, container.
contenir, to contain, to include.
contentieux (service du), legal department.
contenu, contents.
contingent, contingentement, quota.
contracter une assurance, to take out an insurance policy.
contrat, contract, agreement.
convenir, a) to agree ; b) to correspond ; c) to be convenient.
correspondre, to correspond.
coût, cost.
couverture (assurance), cover.
couvrir, to cover.
crédit, credit.
créditer, to credit.

dédouanement, customs clearance.
dédouaner, to clear (through customs).
délai, time-limit(s), time.
demande, a) *(de renseignements)* inquiry ; b) request.
sur demande, on request.
démarches (faire des), to take steps.
démonstration, demonstration.
dépense, expense ; spending.
dépliant, folder.
dérangement, inconvenience.
destinataire, consignee.
destination, destination.
détaillant, retailer.
devis, estimate.
devise(s), currency.
direction, management.
disponible, available.
dispositions (prendre des), to make arrangements.
distribuer, to distribute.
distributeur, distributor.
distribution, distribution.
document, document.
documentation, documents ; literature ; information.
domicilier, to domicile.
dommage(s), damage.
dossier, file, records.
douane(s), customs.
double, copy, duplicate.
droit, a) fee, charge ; b) *(de douane)* duty ; c) law.

D

date limite, deadline.
déballage, unpacking.
déballer, to unpack.
débarquement, unloading ; landing.
débarquer, to unload ; to disembark ; to land.
débit, debit.
débiter, to debit.
déchargement, unloading.
décharger, to unload.
dédouané, duty paid.

E

échantillon, sample.
effectuer, to perform, to carry out, to effect.
effet (traite), bill ; draft.
emballage, packing.
embarquer (marchandises), to load.
endommager, to damage.
enlever (des marchandises), to collect.
enregistrer une commande, to book an order.
entraîner, to lead to, to involve, to entail, to result in.

entreposage, warehousing.
entrepôt, warehouse.
entrepôt sous douane, bonded warehouse.
entreprise, firm, business, concern.
entretien, a) interview ; *(téléphonique, etc.)* conversation ; b) maintenance.
envoi, consignment, shipment.
envoyer, to send ; *(marchandises)* to send, to ship, to forward, to dispatch.
erreur, error.
escale, (port of) call ; *(avion)* stopover. **Faire escale,** to call (at a port) ; *(avion)* to stop over.
escompte, discount.
escompter, a) to expect ; b) to discount.
essai, trial.
étudier, to study.
excuses, apologies.
excuser (s'), to apologize.
exécuter une commande, to execute, carry out an order.
exemplaire, copy.
exercice financier, financial year.
exercice fiscal, fiscal year.
expédier, to send, to dispatch, to forward, to ship.
expéditeur, sender ; *(marchandises)* consignor, consigner.
expédition, a) *(fait d'expédier)* sending, forwarding, dispatching, shipping ; b) *(contenu)* consignment, shipment.
exposer, a) to display, to exhibit ; b) to explain, to state.
exposition, exhibition, show ; display.

F

fabricant, manufacturer.
fabrication, a) manufacturing ; b) product.
fabriquer, to manufacture, to make.
faciliter, to facilitate.

facilités de crédit, credit facilities, easy credit terms.
facture, invoice.
facture consulaire, consular invoice.
facture pro forma, pro forma invoice.
facturer, to invoice.
fiche technique, specification sheet.
filiale, subsidiary.
fixer un rendez-vous, to make an appointment.
foire, fair, trade-fair.
fonds, funds.
force de vente, sales force.
fournir, to supply.
fournisseur, supplier.
« fragile », « handle with care ».
frais, expenses ; charges ; cost.
fret, freight.

G

gamme, range.
garantie, guarantee ; warranty.
garantir, to guarantee.
gestion, management.
grève, strike.
gros (en), in bulk ; wholesale.
grossiste, wholesaler.

H

honorer (traite), to honour, to meet.
honorer un délai, to meet a deadline.

I

importation, import.
importer, to import.
indiquer un prix, to quote a price.
informations, information.
informatiser, to computerize.
informer, to inform.
instructions, instructions.
invendable, unsaleable, unsalable.
irrévocable, irrevocable.

J

joindre, to enclose, to attach.

L

lancement, launch, launching.
lancer, to launch.
lettre de crédit, letter of credit.
lettre de transport aérien, air waybill.
lettre de voiture, waybill.
lever (un droit), to levy.
licence d'importation, import licence.
ligne de produits, product line.
livraison, delivery ; *prendre livraison de,* to take delivery of, to collect.
livrer, to deliver.
locaux, premises.

M

majorer, to increase.
mandat postal, money order.
manutention, handling.
marchandises, goods.
marché, a) market ; b) agreement, contract ; c) deal, transaction.
marge bénéficiaire, profit margin.
matières premières, raw materials.
mensualité, (monthly) instalment.
mesures (prendre des), to take steps ; to make arrangements.
mode d'emploi, directions for use, instructions for use.
modèle, model.
monnaie (nationale), currency.
montant, amount, sum.

N

navire, ship, vessel.
négocier, to negotiate.
nombre, number.
norme, norm, standard.
numéro, number.
numéroter, to number.

O

offre, a) offer ; b) supply.
offrir, to offer.
ordinateur, computer.
ordre, order.

P

palette, pallet.
panne, breakdown.
parvenir, a) to reach ; b) to succeed.
passer commande, to place an order.
perte, loss.
peser, to weigh.
photocopie, photocopy.
pièces de rechange, spare parts, spares, replacement parts, replacements.
pièces détachées, spare parts, spares, component parts, components.
poids, weight.
police, policy.
politique des ventes, sales policy.
port, a) port ; b) carriage, transport.
port dû (en), carriage forward.
port payé (en), carriage paid.
poste, a) post, mail ; *par la poste,* by mail ; b) post, position ; job.
préciser, to specify, to stipulate.
prendre effet, to take effect, to be implemented, to apply, to become effective, to become operative.
prix, price.
procédé de fabrication, manufacturing process.
producteur, producer.
production, production.
produire, to produce.
produit, product.
prospectus, leaflet.

Q

qualité, quality.
quantité, quantity.
quota, quota.

R

rabais, discount, rebate.
rappeler, to remind.
rapport, a) report ; b) connection, link.
recevoir, to receive.
réception, receipt.
réclamation, complaint ; claim.
recommander, to recommend, (*lettre*, etc.) to register.
reconnaissant, grateful.
réduction, a) discount ; b) decrease.
référence, reference.
région, area.
règlement, a) settlement ; b) payment, settlement ; c) regulation.
réglementation, regulation(s).
régler, a) to settle ; b) to pay, to settle.
regretter, to regret, to be sorry.
relevé de compte, statement of account.
remboursement, reimbursement, refund.
rembourser, to reimburse, to refund ; (*dette*) to pay back, to pay off.
remettre à plus tard, to delay, to postpone.
remise, discount.
remplacement, replacement.
remplacer, to replace.
rendez-vous, appointment.
rendre visite, to call on somebody ; to visit.
renouveler, to renew.
renseignements, information, particulars ; *un renseignement,* a piece of information.
renseigner, to inform.
répondre, to answer, to reply.
réponse, reply.
représentant, representative.
réputation, reputation, standing.
réseau, network.
respect (*règlement*), compliance (with).
respecter (*règlement, etc.*), to comply with.
retard, delay.
retarder, to delay ; *remettre à plus tard,* to postpone.
retour, return ; *par retour,* by return.
retourner, to return.

S

salle d'exposition, showroom.
sécurité, safety.
service, a) service ; b) department.
service après-vente, after-sales service.
siège central, Head Office.
signaler, to notify, to inform, to let somebody know.
situation financière, financial standing, financial status.
société (*par actions*), company.
solde, balance.
soldes, sales ; bargain sales, clearance sales.
somme, sum, amount.
sortie d'usine, ex-works, ex-mill.
stock, stock.
stockage, storage.
stocker, to store.
souligner, a) to underline ; b) to emphasize.
succursale, subsidiary.

T

tarif, price-list ; (*douanes*) tariff.
taux, rate.
tirer, to draw.
traite, draft.
traite à vue, sight draft.
traiter, to deal, to do business.
transférer, to transfer.
transitaire, forwarding agent.
transport, transport, carriage ; transit.
transporter, to transport, to carry.
trimestre, quarter.
trimestriel, quarterly.

U

usine, factory ; plant ; mill ; works.

V

valable, valid.
valeur, value.
vapeur, steamship.
vendre, to sell.
vendre au détail, to retail.

vente, sale.
vérifier, to check.
versement, payment ; remittance.
verser, to pay.
vigueur (en), in force.
mettre en vigueur, to implement, to apply, to put into force.
virement, transfer.
voie ferrée (par), by rail.
vol, a) *(avion)* flight ; b) theft.
vrac (en), in bulk.

LES LANGUES POUR TOUS

Vous propose dans le domaine des langues vivantes un ensemble complet et rigoureusement programmé d'ouvrages d'initiation et de perfectionnement. Conçu pour l'utilisateur isolé, il constitue également un précieux complément de l'enseignement traditionnel ou de la formation permanente.

**Vous trouverez dans
Les Langues Pour Tous :**

- Si vous êtes *débutant* ou souhaitez vous recycler : la série en ''40 leçons'' (voir page 3).
- Si vous voulez *faire le point* sur vos connaissances au moyen d'un *diagnostic personnalisé* : La série *Score*
- Si vous voulez vous spécialiser : la série *Économique et commerciale*.
- Si vous avez besoin d'un ouvrage de référence complet et maniable : la série *Dictionnaires*.

Tous les volumes de la collection sont au *prix* et au *format* des livres de poche.

Tous les textes apparaissant en langue étrangère sont *systématiquement traduits*, éclairés et commentés.

Réalisés par des *équipes bilingues* d'enseignants, ils reflètent fidèlement la langue d'aujourd'hui.

Toutes les méthodes comportent une *contrepartie sonore* sous forme de *cassettes*.

LES LANGUES
POUR TOUS

Anglais

Economique
& Commercial

**20 dossiers bilingues
pour maîtriser
la langue des affaires.**

PRESSES ♥ POCKET

Anglais

Dictionnaire
économique,
commercial
& financier

ANGLAIS-FRANÇAIS

FRANÇAIS-ANGLAIS

PRESSES ♥ POCKET

LES LANGUES POUR TOUS

Anglais

Dictionnaire de l'anglais de l'informatique

Jacques Hildebert

ANGLAIS-FRANÇAIS
FRANÇAIS-ANGLAIS
30 000 ENTRÉES

PRESSES ♥ POCKET

ÉDITION 1989

LES LANGUES
POUR TOUS

Anglais

Score Commercial U.S./G.-B.

100 tests pour évaluer
et améliorer votre niveau
en anglais économique
et commercial

Presses ◆ Pocket

Anglais

Correspondance pratique GB/US

**Demandes de renseignements,
C.V. et attestations,
invitations, remerciements...**

Presses ♦ Pocket

Anglais

Vendre

**Pour tous ceux qui utilisent
l'anglais pour vendre
produits et services**

PRESSES ♥ POCKET

LES LANGUES
POUR TOUS

Anglais

Téléphoner

**Pour bien comprendre
et se faire comprendre
dans les conversations
téléphoniques internationales**

PRESSES ♥ POCKET

Anglais

Sciences & techniques (Vol 1)

Productique

20 dossiers bilingues d'anglais scientifique et technique :
- électrotechnique • électronique
- informatique • automatique
- productique

PRESSES ▼ POCKET

Achevé d'imprimer en juin 1992
sur les presses de Cox & Wyman Ltd
(Angleterre)

Dépôt légal : 2e trimestre 1981.
Imprimé en Angleterre.